C.H.BECK WISSEN

«Die Tonkunst begrub hier einen reichen Besitz,/Aber noch viel schönere Hoffnungen», so lautet die von Franz Grillparzer entworfene Inschrift für Schuberts Grab. Lebenslang am Ort seiner Geburt geblieben, ohne große Reisen, Auslandsaufenthalte, Liebesaffären und Familiensorgen, hat Franz Schubert (1797–1828) im Wien der frühen Restaurationszeit eine äußerlich völlig ereignislose Existenz geführt. Wenn sich freilich die wenigen dokumentarisch gesicherten Daten von Schuberts äußerer Biographie mit der tieferen Einsicht in die Problemgeschichte seines musikalischen Denkens verbinden, so kann man hinter dieser so unspektakulär wirkenden Erscheinung ein außerordentlich profiliertes Künstlerleben entdecken. In Schubert einem – trotz seiner allzu kurzen Lebensspanne – hochbedeutenden Komponisten zu begegnen, dazu lädt dieses kleine Buch ein.

Hans-Joachim Hinrichsen – Professor em. für Musikwissenschaft an der Universität Zürich, Mitglied der Academia Europaea sowie der Österreichischen Akademie der Wissenschaften und Mitherausgeber der *Schubert-Perspektiven* – bietet einen konzisen und anregenden Überblick über Leben und Werk Franz Schuberts.

Hans-Joachim Hinrichsen

FRANZ SCHUBERT

C.H.Beck

Mit zwei Karten (© Peter Palm, Berlin)

1. Auflage. 2011
2., durchgesehene und aktualisierte Auflage. 2014

3., durchgesehene und aktualisierte Auflage. 2019

Originalausgabe

Satz: C.H.Beck.Media.Solutions, Nördlingen
Druck und Bindung: Druckerei C.H.Beck, Nördlingen
Reihengestaltung Umschlag: Uwe Göbel (Original 1995, mit Logo),
Marion Blomeyer (Überarbeitung 2018)
Umschlagabbildung: Franz Schubert, Aquarell von
Wilhelm August Rieder, Mai 1825, Wien © akg-images
Printed in Germany
ISBN 978 3 406 74087 9

www.chbeck.de

Inhalt

Vorwort

Franz Schubert (1797–1828) gehört zweifellos zu den bedeutendsten Komponisten der Musikgeschichte. Für viele Musikliebhaber verschwindet allerdings seine Biographie unter einem Schleier aus Klischees und Banalitäten. Wenn Heinrich Heine einmal von Immanuel Kant gesagt hat, dessen Lebensgeschichte ließe sich nicht schreiben, denn er habe weder ein Leben noch eine Geschichte gehabt, so scheint dies sogar noch mehr auf Schubert zuzutreffen. Lebenslang am Ort seiner Geburt geblieben, ohne große Reisen, Auslandsaufenthalte, Liebesaffären und Familiensorgen, hat er im Wien der frühen Restaurationszeit eine äußerlich völlig ereignislose Existenz geführt. Die meisten seiner Wohn- und Wirkungsstätten sind auf den beiden Karten auf der vorderen und hinteren Umschlaginnenseite leicht aufzufinden; so eng scheint der Radius seines physischen Daseins gewesen zu sein.

Wenn sich freilich die wenigen dokumentarisch gesicherten Daten von Schuberts äußerer Biographie mit der tieferen Einsicht in die Problemgeschichte seines musikalischen Denkens verbinden, so kann man hinter dieser so unspektakulär wirkenden Erscheinung ein außerordentlich profiliertes Künstlerleben entdecken, dessen Strukturmuster aus der Konstellation seiner Produktionsbedingungen und der Faktur seiner Werke verständlich zu machen ist. Es lassen sich sowohl gezielt erschlossene soziale Aktionsfelder erkennen als auch eine erstaunliche Systematik in der Aneignung der einzelnen musikalischen Gattungen; an ihnen entlang lässt sich Schuberts kurzes Leben erzählen und begreifen. Der Versuch einer solchen Strukturierung des Materials findet sich in dem vorliegenden kleinen Buch, und wenn es hilft, Schuberts bis heute ungebrochen präsente Musik nicht etwa simpel auf ihre Bedingungen zurückzuführen, sondern sie aus diesen heraus noch tiefer zu verstehen, dann hat es seine Aufgabe erfüllt.

Die in den Gang der Darstellung eingegangenen Forschungspositionen sollten sich über die in der Literaturliste nachgewiesenen Buch- und Aufsatztitel ohne Mühe verifizieren lassen. Zitiert wird im Text nach den ebenfalls dort angeführten Quelleneditionen. Für die eindeutige Identifizierung von Schuberts Werken gelten, wie allgemein üblich, die Katalognummern des chronologisch angelegten Werkverzeichnisses von Otto Erich Deutsch. Bei der Interpretation von Geldangaben ist die nach dem kriegsbedingten österreichischen Staatsbankrott von 1811 vollzogene Währungsreform zu bedenken, die dem alten Gulden Conventions-Münze (C. M.) das provisorisch gemeinte, aber bis über die 1848er-Revolution hinaus im Umlauf gehaltene neue Papiergeld des Guldens Wiener Währung (W. W.) mit einem Wert von einem Fünftel (ab 1820 im stabilisierten Verhältnis 1 zu 2,5) gegenüberstellte.

Mein Dank gilt den Rückmeldungen der Teilnehmer an meinen Zürcher Lehrveranstaltungen, denen das Konzept dieses Buchs zugrunde lag, und den Mitarbeiterinnen und Kollegen, die so freundlich waren, das Manuskript kritisch zu kommentieren. Für die zweite Auflage dieses Buches (2014) wurden einige kleinere Versehen behoben und die Bibliographie erweitert und aktualisiert. Wertvoll waren auch die Nachfragen und Anregungen des Übersetzers der japanischen Ausgabe (Tokyo 2016), Tomohei Hori. Die neuesten Korrekturen und Ergänzungen bestätigen nun hoffentlich die alte Weisheit, dass ein Buch sich stets erst mit der dritten Auflage der Perfektion zu nähern beginnt.

Zürich, im Frühjahr 2019 Hans-Joachim Hinrichsen

1. Schuberts Wien

Wien als Musikstadt

Die Stadt Wien, die während der frühen Jugendjahre Franz Schuberts von der Hauptstadt des Heiligen Römischen Reiches deutscher Nation zur Regierungszentrale des weit in den europäischen Südosten reichenden habsburgischen Vielvölkerstaats mutierte, ist im Bewusstsein der Öffentlichkeit bis heute fest mit dem Etikett der Musikstadt verknüpft. Dieses von der Tourismusbranche kräftig unterstützte Image ist so selbstverständlich geworden, dass die geschichtliche Begrenztheit des Phänomens nahezu vergessen wird. Heute gründet der musikalische Ruhm Wiens keineswegs mehr auf der Präsenz einer kompositorischen Kreativität, wie sie vom Zeitalter Haydns, Mozarts, Beethovens und Schuberts über die Walzer- und Operetten-Industrie der Strauß-Dynastie bis hin zu Sinfonikern wie Brahms, Bruckner oder Mahler und der anschließenden Avantgarde-Bewegung der Schönberg-Schule nahezu ununterbrochen vorherrschte. Wien pflegt heute vor allem seine Erinnerungen – in Form eines riesigen Repertoires, das durch eine Unzahl musikalischer Institutionen von Weltrang am Leben gehalten wird. Und ebenso wie ein Ende hat das Phänomen auch seine historischen Anfänge, die es insbesondere zum besseren Verständnis der Biographie Franz Schuberts zu kennen gilt.

Der Zeitraum, der Wiens musikalischen Ruhm dauerhaft begründet hat, fällt nicht zufällig mit jener Periode zusammen, die als das «josephinische Jahrzehnt» in die Geschichte eingegangen ist. Diese Epoche der Alleinregentschaft Josephs II. (1780–1790), der Höhepunkt des sogenannten aufgeklärten Absolutismus in Österreich, ermöglichte zumal in der Residenzstadt Wien Produktionsbedingungen, die den Anreiz für Musikerexistenzen wie derjenigen Mozarts schufen, der 1781 unter Aufgabe all seiner Salzburger Sicherheiten nach Wien übersiedelte. Die Freigabe eines öffentlichen Raumes durch den Rückzug des Hofes von musikalischen Repräsentationsaufgaben, die Liberalisierung des gesellschaftlichen Klimas, die Partizipationsmöglichkeiten in den ständisch durchlässiger gewordenen Adelssalons und der rasche Aufstieg des Musikverlagswesens bilden eine wesentliche Bedingung für jenes Phänomen, das durch die unter diesen Umständen beschleunigte und tiefgreifend veränderte Produktion Haydns, Mozarts und Beethovens später als «Klassik» bezeichnet worden ist, in die man zeitweilig sogar noch Schubert als Spätgeborenen einzufügen versucht hat.

Heute dürfte Einigkeit darüber bestehen, dass man das rezeptionshistorisch und stilgeschichtlich keineswegs unproblematische Konstrukt der «Wiener Klassik», wenn es die Minimalbedingungen terminologischer Distinktion und trennscharfer Sacherfassung erfüllen soll, tunlichst auf den Zeitraum von 1781 bis um 1804 begrenzt: beginnend also mit Haydns Publikation seiner geschichtsmächtigen Streichquartettsammlung Opus 33 sowie mit Mozarts Niederlassung in Wien und spätestens endend mit dem Verstummen Haydns als Komponist und dem Paradigmenwechsel, der mit Beethovens *Sinfonia eroica* die musikalische Landschaft nachhaltig verändert hat. Realhistorisch wie mentalitätsgeschichtlich lassen sich diese Zäsuren mit dem anfänglichen Innovationsschub der josephinischen Reformen einerseits und der wachsenden Auszehrung der Aufbruchsstimmung in den verlustreichen Kriegen gegen Napoleon andererseits begründen. Daran sind nun zwei Sachverhalte für den Blick auf Schuberts Komponistenleben zentral. Erstens gehört Schubert in diesem Szenario zwar zum innersten Kern der Wiener Musik, aber nicht zu ihrer «Klassik», und zweitens ist auch das gesamte Schaffen des mittleren und späten Beethoven diesseits der epochalen stilistischen Grenze anzusiedeln. Das bedeutet, dass die beiden durch eine Generation voneinander getrennten Komponisten, deren Wiener Schaffen scheinbar im selben Rahmen und in zeitlicher Parallelität entstand (Beethoven starb 1827, Schubert anderthalb Jahre später), das musikalische Erbe dieser «Klassik» auf höchst unterschiedliche Weise verwalteten: Beethoven als einer, der in seiner Jugend als Schüler und

Nachahmer Haydns noch unmittelbar an ihrer Entwicklung beteiligt war, Schubert hingegen als jemand, der den Kanon der einschlägigen Werke als zwar lebendige, aber bereits abgeschlossene Hinterlassenschaft vorgefunden hat. Für den jungen Schubert wurde Beethoven von einem gewissen Zeitpunkt an zum herausragenden, aber auch einschüchternden Orientierungspunkt, während umgekehrt Beethoven Schuberts Kompositionen, wenn überhaupt, erst spät und nur höchst sporadisch zur Kenntnis genommen hat. Der Eindruck, dass die beiden, merkwürdig genug, nicht wirklich in derselben Stadt zu leben und zu arbeiten schienen, trügt nicht nur nicht, sondern trifft den historischen Sachverhalt auf den Kopf: Beethovens Wien war zwar (auch) das Wien Schuberts, aber Schuberts Wien war nicht dasjenige Beethovens. Das wird gleich noch näher auszuführen sein.

Unter den großen Komponisten, durch deren Produktion Wien spätestens zu Beginn des 19. Jahrhunderts in den berechtigten Ruf der Musikmetropole gelangt ist und die man daher lange Zeit hindurch als «Wiener Klassiker» bezeichnet hat, war Schubert seiner Herkunft nach der einzige Wiener, und neben Haydn war er auch der einzige gebürtige Österreicher. Das ist nicht aus lokalpatriotisch-sentimentalen Gründen heraus erwähnenswert, sondern deshalb interessant, weil er – anders als Mozart oder Beethoven – nicht durch das magnetisch wirkende Renommee der Stadt erst eigens angezogen wurde und daher seine aktive Musikerkarriere sich auch nicht einer bewusst getroffenen Entscheidung zur Ansiedlung in Wien verdankt. Er fand die Stadt und ihr Musikleben vielmehr als seine Produktionsbedingung vor. Für das Verständnis seines Werdegangs ist das, wie sich zeigen wird, nicht gänzlich ohne Belang.

Ziemlich genau mit Schuberts Jugendjahren fällt eine nachhaltige Wandlung des Wiener Musiklebens zusammen. Das josephinische Wien hatte zwar den Aufstieg Haydns erlebt – aber verwertet und zu europäischem Ruhm gebracht wurde er nicht hier, sondern in Paris und in London. Nur diese beiden Metropolen verfügten am Ende des Jahrhunderts über jene Institutionalisierung des Konzertlebens, auf die Wien noch lange warten musste – London sogar in einem hochgradig kommerzialisierten, nach kapitalistischen Marktgesetzen organisierten Ausmaß. In London, nicht in Wien, wurde der alternde Haydn nach heutigen Begriffen zum Millionär, und wohl nur Mozarts früher Tod hat auch dessen Ausrichtung auf den Londoner Konzertbetrieb verhindert. In Wien hingegen war der Komponist auf die Selbstorganisation von Konzertreihen und auf die Adelspatronage angewiesen. Immerhin gab es seit den 1780er Jahren diese Möglichkeit, und Mozarts rasche Wiener Karriere verdankt sich ebenso wie der kometenhafte Aufstieg des jungen Beethoven ihrer ebenso geschickten wie kompetenten Ausnutzung. Spätestens mit den napoleonischen Kriegen aber war diese kurze Blütezeit auf dem gesamten Kontinent vorbei; für Österreich kamen noch katastrophale militärische Niederlagen, der Zusammenbruch hocharistokratischer Privatvermögen und ein Staatsbankrott hinzu – all das fiel in Schuberts Jugendzeit. Das Wien der Nachkongresszeit hatte sich gründlich verändert. Wenn man die anschließende Phase heute als «Biedermeier» bezeichnet, dann trägt man damit nicht zuletzt der Tatsache Rechnung, dass das Musikleben nun zusehends auf eine neue Basis gestellt wurde: War der öffentliche Musikbetrieb vor 1800 noch weitgehend aristokratisch dominiert und elitär gewesen, so entfaltete sich im Wien der Metternich-Ära das Musikleben geradezu ausufernd im privat-häuslichen Bereich, während in der Öffentlichkeit neben der früher tonangebenden Hocharistokratie sehr rasch auch das wohlhabende und gebildete Bürgertum, mit Wirkung bis heute, an Präsenz gewann. Eine anfangs zwar noch aristokratisch protegierte, aber im Laufe ihrer Entwicklung rasch verbürgerlichte Institution war die 1812 gegründete Gesellschaft der Musikfreunde – bis heute der für das Wiener Konzertleben maßgebliche und eben für die Selbstorganisation des aufstrebenden Bürgertums überaus charakteristische Verein. Kommerzialisierung und Verbürgerlichung des Musiklebens haben hier, bis hin zum Aufstieg Wiens zu einer der Musikmetropolen des 19. Jahrhunderts, ihren Anfang genommen.

Die Differenz zwischen dem Wien, in dem Beethovens rascher Aufstieg gelang, und jenem Wien, das die Produktionsbedingungen für Schubert bereitstellte, erscheint somit als ein Unterschied der Generation ebenso wie der Gesellschaftsschicht. Beide Komponisten bewegten sich in unterschiedlichen Kreisen, zwischen denen es nur wenige Berührungspunkte gab. Beethoven, in den 1790er Jahren von einer systematischen Adelspatronage zu frühem und dauerhaftem Ruhm emporgetragen, konnte den Wegfall dieser tragenden Institution als bereits etablierter Komponist relativ unbeschadet überstehen; Schubert hingegen, dessen musikalische Sozialisation sich exakt auf dem Höhepunkt der antinapoleonischen Restauration vollzog, entstammte dem Wiener Kleinbürgertum, wurde durch das häusliche Musikleben des Biedermeier geprägt und blieb zeitlebens auf dessen Organisationsformen angewiesen, obwohl ihm schließlich der Aufstieg in jene institutionelle Sphäre gelang, in der er neben Beethoven öffentlich wahrgenommen werden konnte. Wenn allerdings unabhängig voneinander beide, der alternde Beethoven und der jugendliche Schubert, über die Sterilität der Metternich-Zeit anhaltende und beredte Klage führten, verbindet sie das nun schließlich doch auf bemerkenswerte Weise und zeigt, dass sie in kultureller Hinsicht sehr präzis dasselbe Wien wahrgenommen und erlitten haben: das Wien der sogenannten «Biedermeierzeit».

Der Freundeskreis als produktiver Kontext

Doch haben die sozialen und politischen Kontexte dieses Biedermeier gerade in Wien, dessen Bevölkerungszahl während Schuberts Lebenszeit auf knapp 300 000 anwuchs, für eine beispiellose Blüte kultureller Teilsegmente gesorgt. Dass dabei in erster Linie die Musik, in ihrer kollektiven Ausübung per se ein gesellschaftliches Bindemittel und unter allen Künsten die vordergründig unpolitischste, spätestens unter den Bedingungen des Metternich'schen Zensur-Regimes ein wesentlicher Faktor für die besondere Physiognomie der Wiener Gesellschaft der Restaurationszeit gewesen sein dürfte, ist oft und wohl mit Recht vermutet worden. Das hat sich aber schon seit dem Beginn des Jahrhunderts vorbereitet. Die Breite und Vielfalt allein des häuslichen Musizierens, das man nicht einfach als privates

Rückzugsgebiet abwerten sollte, wurde der Nährboden für die schon in frühen Jahren immense Produktion auch des jungen Franz Schubert.

Dieser wurde am 31. Januar 1797 als dreizehntes von insgesamt sechzehn Kindern – von denen fünf überlebten – in eine Schullehrerfamilie hineingeboren und auf den Namen Franz Peter getauft – nicht in der Stadt Wien selbst, sondern in der nordwestlich gelegenen Vorstadtgemeinde Lichtental (heute Teil des 9. Wiener Stadtbezirks, Nußdorferstr. 54), die damals noch, vor der Niederlegung der Stadtbefestigung zugunsten der späteren Ringstraße, durch den Grünstreifen des sogenannten «Glacis» von der Inneren Stadt getrennt war. Der Vater, Franz Theodor Schubert (1763–1830), stammte, wie auch die Mutter, Elisabeth Vietz (1756–1812), aus Schlesien und hatte, von den Folgen der theresianisch-josephinischen Schulreform unmittelbar profitierend, seine Existenz auf die Betreibung einer vorstädtischen Grundschule im Himmelpfortgrund gegründet, für die er 1801 ein größeres Haus erwerben konnte (heute 9. Bezirk, Säulengasse 3). Er brachte es 1817 zur Berufung an die Schule in der Roßau (heute ebenfalls 9. Bezirk, Grünentorgasse 11), an der er dann bis an sein Lebensende unterrichtete – eine Schullaufbahn, die ihm schließlich, 1826, zu seiner großen Genugtuung das Wiener Bürgerrecht eintrug. Der Sohn Franz Peter entstammte also dem österreichischen Schullehrermilieu, in das er wie seine älteren Brüder Ignaz (1785–1844) und Ferdinand (1794–1859) beruflich wohl auch hineinwachsen sollte, was er allerdings schließlich erfolgreich verweigerte. Eine solide musikalische Grundausbildung, wie sie die älteren Brüder ebenfalls genossen hatten, gehörte selbstverständlich dazu – eine zunächst durch den Vater und die älteren Geschwister übernommene Unterweisung im Violin- und Klavierspiel, die in seinem Falle bei zunehmendem Fortschritt durch Unterricht beim Regens Chori der Lichtentaler Pfarrkirche, Michael Holzer, ergänzt wurde. Der junge Schubert wurde so schon früh zum unentbehrlichen Mitglied des familiären Streichquartetts.

In diesem zwar engen, aber ungemein aufgeschlossenen Milieu wurde Schuberts musikalisches Talent früh erkannt und offenbar entschieden gefördert. Aufgrund seiner phänomenalen Musikbegabung erlangte der Elfjährige im Herbst 1808 einen jener zehn begehrten Freiplätze in dem kurz zuvor eingerichteten Wiener Stadtkonvikt, wie sie musikalisch talentierten Knaben zur Verfügung standen, die man für den sonntäglichen Chorgesang in der Hofburgkapelle benötigte. Möglicherweise hatte der stolze Vater seinen Sohn schon einige Jahre zuvor dem berühmten Hofkapellmeister Antonio Salieri (1750–1825) vorgestellt, der die Auswahl der Hofsängerknaben persönlich vorzunehmen pflegte und bereits 1804 einen «Schubert» auf seine Liste setzte, so dass wahrscheinlich dessen Empfehlung den Ausschlag gab. Die Mechanismen der Rekrutierung musikalischer Eliten, durch die Jahrzehnte früher auch schon die Biographie des jungen Joseph Haydn entscheidend geprägt worden war, sind demnach selbst auf dem Höhepunkt der kriegsbedingten Systemkrise funktionsfähig und intakt geblieben. Der junge Franz Schubert bewohnte vom 1. Oktober 1808 an das vom Piaristen-Orden geführte Internat in der Inneren Stadt, im Gebäudekomplex der Alten Universität (heute 1. Bezirk, neben der Jesuitenkirche), und sah seine Familie nur noch an dienstfreien Wochenenden und in den Ferien. Das ermöglichte dem Knaben nicht nur den Besuch des Akademischen Gymnasiums, sondern verschaffte ihm auch die Möglichkeit, im Kapelldienst wie durch die aktive Beteiligung am konviktseigenen Orchester ein immenses Repertoire an Kirchen- und Instrumentalmusik kennenzulernen. Hinzu kam eine Fortsetzung der systematischen musikalischen Ausbildung bei Wenzel Ruzicka (1757–1823), dem Hoforganisten und Leiter des Konviktsorchesters.

Der junge Schubert genoss also, bei anfänglich sehr guten und später nur noch mäßigen Zeugnissen, eine solide Gymnasialausbildung, die ihn zum Universitätsstudium befähigt hätte, wenn er sie nicht im November 1813, nach dem fünften von eigentlich sechs Jahren, abgebrochen hätte. Ein äußerlicher Zwang dazu bestand nicht, denn der kostenlose Freiplatz wäre ihm, obwohl seine Stimme schon im Sommer 1812 mutierte und damit eine weitere Verwendung im Kapelldienst ausgeschlossen war, durch kaiserliche Vermittlung sicher gewesen, und zwar sogar gegen die Evidenz nur knapp noch ausreichender Schulleistungen. Eine früher durch die Schubert-Literatur geisternde ödipale Krise, angeblich ausgelöst durch die Wiederverheiratung des Vaters 1813, ist in keiner Weise dokumentarisch zu belegen und scheidet als Grund für den Schulabbruch wohl aus.

Entscheidend ist, dass der junge Schubert auch nach dem Austritt aus dem Konvikt den Kontakt zu dieser Institution und seinem dort versammelten großen Freundeskreis gehalten hat, vor allem aber weiterhin Privatschüler Salieris blieb. Der Unterricht bei diesem hatte, nach Schuberts eigenhändigem Datum in seinem Studienmaterial, am 18. Juni 1812 – also in zeitlicher Nähe zum Stimmbruch – noch in der Konviktszeit mit einem Kontrapunktlehrgang begonnen; im Laufe der Zeit erstreckte er sich bis hinein in die Singstimmenbehandlung in italienischer Vokalmusik. Schubert erhielt also, obwohl der Grad an Systematik nachträglich nur schwer einzuschätzen ist, durchaus eine professionelle Kompositionsausbildung, die erst im Dezember 1816, fast zeitgleich mit dem ersten Auszug aus dem Elternhaus, endete, und sie war von Anfang an ein Privileg, das keineswegs jedem Kapellknaben zustand und wohl nur auf Schuberts Ausnahmebegabung zurückzuführen ist. Kurz vorher schon, im April 1816, hatte sich Schubert, freilich erfolglos, um die freigewordene Musikdirektorenstelle an der Lehrerbildungsanstalt in Laibach (heute Ljubljana) beworben und dafür ein knappes, aber überaus positives Zeugnis Salieris mit eingereicht. Schubert hat seinem Lehrer, der ihn zeitweilig auch gemeinsam mit dem aus Graz stammenden Anselm Hüttenbrenner (1794–1868) unterrichtete, lebenslang eine respektvolle Anhänglichkeit bewahrt, die sich zunächst in seinem von ihm selbst textierten *Beitrag zur fünfzigjährigen Jubelfeier des Herrn Salieri* (D 407, Juni 1816) und später noch in der Widmung der 1821 gedruckten Goethe-Lieder Opus 5 niederschlug.

Schubert hat also, anders als fast alle anderen seiner Freunde aus der Konviktszeit, kein Studium absolviert, sondern – dies nun wahrscheinlich auf Betreiben des Vaters nach dem Abbruch des Konvikts – eine bis zum Sommer 1814 dauernde Präparandenlehre an der k. k. Normal-Hauptschule Sankt Anna (heute 1. Bezirk, Annagasse), die ihn dazu befähigen sollte, als Schulgehilfe und Elementarlehrer an der Schule seines Vaters mitzuwirken. Wie gut, wie engagiert oder wie halbherzig auch immer Schubert diesen Beruf ausgeübt haben mag – fest steht, dass der nach dem Austritt aus dem Konvikt in den Kreis der Familie Zurückgekehrte nach nur drei Jahren, im Herbst 1816, das Elternhaus und den Lehrerberuf wieder verließ, ohne eine sichere berufliche Perspektive in Aussicht zu haben. Über eine Stellungnahme des Vaters oder der Familie zu diesem Schritt ist nichts bekannt. Zwischen dem Herbst 1817 und dem Frühsommer 1818 kehrte Schubert noch einmal für wenige Monate in das Elternhaus und den Schulgehilfendienst zurück, was ihm immerhin den Militärdienst ersparte; spätestens im November 1818 aber zog er endgültig aus, nachdem vorher eine mehrmonatige Anstellung als Hausmusiklehrer des Grafen Johann Karl Eszterházy im ehemals ungarischen Zseliz, heute slowakischen Zseliezovce (Juli bis November 1818) gleichsam den Übergang zum endgültigen Abschied aus dem Schuldienst, vielleicht auch die willkommene Möglichkeit der Flucht vor ihm, gebildet hatte. Nach der Emanzipation von Schuldienst und Elternhaus wohnte Schubert meistens in der Inneren Stadt bei einem seiner Freunde; zweimal aber noch, im Winter 1822/1823 und wieder 1824/1825, scheint er kurzfristig auf einen vorübergehenden Unterschlupf in der elterlichen Wohnung in der Roßau angewiesen gewesen zu sein.

Auf die Konviktszeit geht jenes Phänomen zurück, das seither zur unverkennbaren Signatur von Schuberts Biographie gehört: das enge Eingebundensein in einen künstlerisch und intellektuell anregenden Freundeskreis. Zu diesem Freundeskreis zählten nicht nur Gleichaltrige, sondern auch Ältere; nicht alle Konviktszöglinge nämlich waren Gymnasiasten, sondern manche auch schon Universitätsstudenten. Aber auch bei diesen verschaffte sich der junge Schubert, ausweislich der zahlreich vorliegenden späteren Erinnerungen der Freunde, von Anfang an Respekt, ja neidlose Bewunderung durch seine einzigartige Musikbegabung, die ihn schon früh und ohne jedes Autoritätsproblem bei Abwesenheiten Wenzel Ruzickas zum Stimmführer und damit faktischen Leiter des Konviktsorchesters gemacht hatte. Hinzu kam, dass bereits der Dreizehnjährige mit ersten Kompositionen, vor allem Liedern, Staunen erregte. Zu den Freunden aus der Konviktszeit gehörten unter anderen der für Schuberts Biographie überaus wichtige, bereits studierende Oberösterreicher Joseph von Spaun (1788–1865), der als Ältester der Runde bis zu seiner Rückkehr nach Linz (1821) so etwas wie Schuberts Mentor war, ferner Anton Holzapfel, Albert Stadler und Joseph Kenner.

Zu dieser ältesten Wiener Gruppe von Freunden traten nach Schuberts Austritt aus dem Konvikt rasch weitere, teilweise sich überschneidende Kreise hinzu. Deren Herkunftsorte waren Linz, wo sich 1811 ein literarisch-philosophischer Verein um Joseph von Spauns jüngeren Bruder Anton gebildet hatte, der sich während seines Wiener Universitätsstudiums an Schubert anschloss, sowie das Stift Kremsmünster und die Stadt Steyr. Durch die Brüder Spaun wurde 1814 die wichtige, wenngleich nicht dauerhafte Freundschaft zu dem aus Steyr gebürtigen Johann Mayrhofer (1787–1836) vermittelt, mit dem Schubert nach dem zweiten Auszug aus dem Elternhaus zwei Jahre lang die Wohnung teilte. Zu den aus Linz stammenden Freunden zählten neben Anton Spaun auch Anton Ottenwalt (1789–1845), zu den aus Kremsmünster nach Wien übersiedelnden vor allem Joseph Kreil oder Franz von Schlechta und der wohl lebenslang einflussreichste und engste Schubert-Freund, Franz von Schober (1796–1882), der den neunzehnjährigen Schubert unmittelbar nach dessen erstem Auszug aus dem Elternhaus für mehr als ein Jahr in seine Wohnung (heute 1. Bezirk, Ecke Tuchlauben/Landskrongasse) aufnahm und vielleicht sogar der eigentliche Motor hinter Schuberts Ausstieg aus dem Schuldienst war. In den letzten Lebensjahren kamen zu diesen Zirkeln noch ein Grazer Freundeskreis um die Brüder Hüttenbrenner sowie Joseph Teltscher, Johann Baptist Jenger und Sophie Müller hinzu. Und obwohl diese weit verzweigte Geselligkeit keineswegs vor Krisen gefeit war – einen ausgesprochenen Tiefpunkt durch Verflachung des geistigen Niveaus und durch vorübergehende Abwesenheit wichtiger Mitglieder beklagte Schubert etwa in den Jahren 1824/1825 –, bildete sie die Konstante und das eigentliche Rückgrat seiner sozialen Existenz.

Schubert muss schon früh deren Mittelpunkt, manchmal sogar den einzigen Ansporn für ihren langen Zusammenhalt gebildet haben, und fast immer wird der Rang seiner Musikbegabung als Grund dafür angeführt. Für Schober war sogar die durch Spaun vermittelte Kenntnis einiger Schubert-Lieder der Anlass dafür, 1815 gezielt die Freundschaft mit dem Komponisten zu suchen. Aus ähnlichen Motiven, ebenfalls durch Intervention Spauns, bemühte sich um Schubert auch der zehn Jahre ältere Joseph Wilhelm Witteczek (1787–1859), der später mit hohem finanziellen Aufwand alles an frühen Schubert-Drucken und -Abschriften sammelte, dessen er nur habhaft werden konnte. Die wenigsten der Freunde, allesamt den heutigen Begriff des künstlerisch und literarisch gebildeten Intellektuellen erfüllend, verfolgten indessen diese Interessen mit dem Ziel einer entsprechenden Lebensführung; sie strebten vielmehr nach einigen Jahren akademischer Studien bürgerliche Berufe und schließlich auch ein Familienleben an, schieden also vielfach mit dem Eintritt ins Erwachsenenalter aus der kontinuierlichen Geselligkeit aus. Nur wenige von Schuberts Freunden waren Künstler, und auch diese nie ohne eine sichernde Anstellung, wie etwa der schon erwähnte Salieri-Schüler und Komponist Anselm Hüttenbrenner, den Schubert einmal scherzhaft als sein «Kaffeh- Wein- und Punsch-Brüderl» bezeichnete, ferner die erst später hinzugekommenen Maler Moritz von Schwind (1804–1871) und Leopold Kupelwieser (1796–1862), der schon bald namhafte Lustspieldichter Eduard Bauernfeld (1802–1890), der nachmalige Münchner Hofkapellmeister Franz Lachner (1803–1890) oder der spätere Wiener Hofkapellmeister Benedict Randhartinger (1802–1893). Der schließlich als Künstler Erfolgreichste von allen, der bis zu seiner Pensionierung im Staatsdienst tätige Dichter Franz Grillparzer (1791–1872), hat zwar zu Schuberts Bekannten, aber nie zum inneren Kern des Freundeskreises gehört. Lediglich Franz von Schober, der es sich freilich aufgrund einer Erbschaft leisten konnte, führte nach dem raschen Abbruch seines Universitätsstudiums zeitweilig ein ausgiebiges

Bohèmeleben, in das er – so die Ansicht der älteren Freunde, denen Schuberts Sympathie für den offensichtlich geistesverwandten Schober ein Grund zur Eifersucht war – angeblich Schubert mit hineinzog. Eher aber verhielt es sich wohl so, dass Schubert an Schober, bei allerdings eklatanter Differenz an wirklicher Begabung, einen mit Konsequenz verfolgten gleichgerichteten Lebensentwurf erkannte.

Im Vergleich mit dem Gros der vielen Freunde war also der Werdegang Schuberts zwar nicht ganz untypisch, aber doch bei weitem am konsequentesten auf die Basis der künstlerischen Produktion als primärer Einnahmequelle abgestellt. Dieser überaus riskante Lebensentwurf ist um so bemerkenswerter, wenn man die Tatsache in Rechnung stellt, dass für Schubert keineswegs die übliche Musikerlaufbahn in Frage kam, denn weder als Sänger noch als Klavierspieler noch als Geiger war er technisch virtuos. Es ging tatsächlich um nichts Geringeres als das Komponieren – um das ungehinderte Ausleben jener unerhörten Kreativität, die Schubert zeitweilig geradezu als inneren Zwang verspürt haben muss. Und es zeichnete sich, wovon noch ausführlicher zu reden sein wird, schließlich ab, dass das Kalkül allmählich durchaus aufzugehen begann, dies allerdings buchstäblich erst im letzten Moment, als den gerade einmal Einunddreißigjährigen seine tödliche Krankheit ereilte, was seiner Lebensbilanz zweifellos etwas Tragisches verleiht.

Der erste freischaffende Komponist?

Ist also Schubert in seinem kurzen Leben etwas gelungen, was weder Mozart noch dem um eine Generation älteren Beethoven vergönnt war: ausschließlich vom Ertrag seines Komponierens leben zu können? Der freischaffende Komponist begann sich als Rollenmodell im späten 18. Jahrhundert nur von fernher, nicht zufällig in dem hierin viel weiter entwickelten London, anzubahnen; auf dem Kontinent jedenfalls stellte er in Schuberts Jugend kein etabliertes Berufsbild dar. Selbst Mozart war als Komponist stets auch auf Konzerteinnahmen und das Einkommen aus Unterrichtstätigkeit sowie höfischen Ehrenämtern angewiesen; Beethoven, der ebenfalls in seiner Jugend konzertiert und, wenn auch widerwillig, unterrichtet hatte, bezog seit 1809 eine ansehnliche Jahresrente, die ihm ein Konsortium aus adeligen Gönnern auf Lebenszeit eingerichtet hatte. Viel später erst als Schubert schaffte es in Wien dann Johannes Brahms, ausschließlich vom Komponieren nicht nur leben zu können, sondern geradezu wohlhabend zu werden.

«An diesem Tag componirte ich das erste Mahl für Geld», hält der neunzehnjährige Schubert am 17. Juni 1816 stolz im Tagebuch fest (Dok., 45) und meint damit eine von Schuberts Freunden vermittelte (heute verschollene) *Prometheus*-Kantate für einen ihrer Professoren, die ihm ansehnliche 100 Gulden W. W. einbrachte; diese Erfahrung dürfte den reifenden Entschluss zur Befreiung von Lehrerberuf und Elternhaus kräftig beflügelt haben. Und schon im Herbst 1814, nach der bestandenen Prüfung an der Präparandie, war dem ein entscheidendes Ereignis in der Künstlerbiographie Schuberts vorausgegangen: Seine F-Dur-Messe D 105 erklang mit großem öffentlichen Beifall in der Pfarrkirche seiner Heimatgemeinde Lichtental zum Kirchenjubiläum am 25. September und wurde alsbald – vielleicht durch die Vermittlung Salieris – vor einem ausgesuchten Publikum in der innerstädtischen Hof- und Pfarrkirche Sankt Augustin wiederholt. Genau zwischen diesem ersten öffentlichen Erfolg des Siebzehnjährigen und dem erheblichen Honorar für die *Prometheus*-Kantate des Neunzehnjährigen erstreckte sich der gut gemeinte, aber doch rasch gescheiterte Versuch, den väterlichen Berufsvorgaben gerecht zu werden.

Schubert soll, so das spätere Erinnerungszeugnis Joseph Hüttenbrenners, der durch seinen Bruder Anselm seit 1817 mit Schubert Umgang hatte, ihm gegenüber mehrfach geäußert haben: «Mich soll der Staat erhalten, [...] ich bin für nichts als das Komponieren auf die Welt gekommen!» (Erinn., 89). Das mag, wenn es nicht vielleicht sogar doch wahr ist, erfunden sein – aber eben gut erfunden, denn das hier aufscheinende Selbstbewusstsein des jungen Mannes ist durchaus auch anderenorts dokumentiert. Schubert war jedenfalls einer der ersten Komponisten, die das Rollenmodell des Freischaffenden zwar nicht ohne Einbrüche und Krisen, aber doch mit wachsendem Erfolg zur Wirklichkeit werden lassen konnten, auch wenn das klare Selbstverständnis des freien Komponisten wohl erst dem Lebensgefühl der letzten Jahre entsprach. 1826 wird Schubert in der siebten Auflage von Johann Pezzls vielgelesener *Beschreibung von Wien* unter den musikalischen Zelebritäten Wiens ausdrücklich als «Tonsetzer» (und mit genauer Angabe seiner damaligen Wohnadresse im «Fruhwirthischen Hause» neben der Karlskirche in der Vorstadt Wieden) aufgeführt (Dok.[2], 263). Von den Anstellungen als Hausmusiklehrer des Grafen Eszterházy abgesehen (Juli bis November 1818 und Mai bis Oktober 1824 auf dessen ungarischem Gut, zwischenzeitlich in der Wiener Stadtwohnung der Eszterházys), war Schubert nach seinem endgültigen Auszug aus dem Elternhaus von keiner anderen Einnahmequelle als der seines Komponierens mehr abhängig; gelegentliche Bewerbungen auf lukrative Stellen (1825 als Hoforganist, 1826 als Vize-Hofkapellmeister und als Vize-Kapellmeister am Kärntnertortheater) wurden höchstens halbherzig unternommen oder sind, wie die angebliche Bewerbung am Kärntnertortheater, überhaupt nur eingeschränkt glaubwürdig bezeugt.

Als eigentliches Sprungbrett für den schließlichen Salto mortale in das freie Künstlerdasein dürfte aber die seit der Konviktszeit kontinuierlich fortgesetzte Erfahrung eines enthusiastischen Freundes- und Anhängerkreises gewirkt haben. Im April 1816 hatte Spaun, in vieler Hinsicht wahrscheinlich Schuberts umsichtigster und aktivster Freund, ein Heft mit Schubert'schen Goethe-Vertonungen zusammengestellt und dem Dichterfürsten zusammen mit einem langen Begleitschreiben zugesandt (freilich ohne je eine Antwort zu erhalten). Allein schon die Initiative zu dieser Sendung sprach als Geste Bände. Für Schubert, der beim ersten Auszug aus dem Elternhaus immerhin bereits einen beträchtlichen Teil seines kompositorischen Lebenswerks absolviert hatte – so lagen von den mehr als 600 Liedern seines Œuvres bereits 200 vor –, müssen die begeisterte Zustimmung der Lichtentaler Hörergemeinde, der stetige Zuspruch der Freunde und schließlich die Aussicht, allein schon aus dem weiteren Bekanntenkreis Kompositionsaufträge für beträchtliche Honorare vermittelt zu bekommen, eine nicht zu unterschätzende Sicherheit beim Entschluss zum Ausstieg aus dem Schuldienst bedeutet haben. All diese Erfahrungen waren zwar noch keineswegs erfolgreiche Bewährungsproben auf dem heißumkämpften anonymen Musikalienmarkt, sondern eher Bestätigungen im vertrauten kleinbürgerlichen Milieu und im enthusiasmierten Sympathisantenkreis. Aber gerade sie scheinen dem jungen Komponisten, und vielleicht sogar seiner Familie, das Risiko professionellen Musikertums kalkulierbar gemacht zu haben. Die erfolgreiche Lichtentaler Messenaufführung mag noch buchstäblich ein «Heimspiel» gewesen sein, die alsbaldige Wiederholung in der innerstädtischen Augustinerkirche war es schon nicht mehr. An solchen Wendepunkten der Biographie Schuberts zeigt sich eindrucksvoll, in welchem Ausmaß das Netzwerk aus Freundesbeziehungen von geradezu existentieller Qualität für ihn war. Auch die wenigen größeren und, abgesehen vom Engagement bei Eszterházy, stets auf Österreich beschränkten Sommerreisen, die sich Schubert leisten konnte, galten dem Besuch von Freunden und Verehrern, und sie zeigen in ihrem wachsenden geographischen Radius (1819 Steyr und Linz; 1823 wiederum Linz und wahrscheinlich Kremsmünster; 1825 Salzburg, Gmunden und Gastein; 1827 Graz) die allmähliche Ausweitung seines sozialen Netzwerks an. Zu einem der ersten freischaffenden Komponisten der Musikgeschichte konnte er sich, nicht selten auf kostenfreies Mitwohnen und finanzielle Solidarität angewiesen, unter dem Schutzschirm der für das vormärzliche Wien so charakteristischen organisierten Freundschaft und habitualisierten Geselligkeit entwickeln.

Zwischen Biedermeier und Vormärz: musikalische Geselligkeitskultur

Ein institutionalisiertes öffentliches Konzertleben im heutigen Sinne gab es im Wien der Schubert-Zeit noch nicht; hierin war, wie bereits gesagt, das Musikleben europäischer Metropolen wie Paris und vor allem London schon vor der Jahrhundertwende viel systematischer organisiert. Anerkannte Musiker und berühmte Komponisten konnten in Wien das Risiko einer auf eigene Rechnung veranstalteten Konzert-Akademie auf sich nehmen, wie sie etwa aus den Biographien Mozarts und Beethovens bekannt sind, und dafür an spielfreien Tagen das Burgtheater oder einen anderen geeigneten Saal, etwa im Hotel «Zum Römischen Kaiser» auf der Freyung, im Sommer auch den beliebten Musiksaal im Augarten, mieten. Die Institutionen, die das später so berühmte Wiener Musikleben trugen, begannen zu Schuberts Lebzeiten erst allmählich aus privaten oder genossenschaftlichen Initiativen hervorzuwachsen, so etwa die bereits erwähnte Gesellschaft der Musikfreunde, die 1812 als patriotischer Verein zur Ermöglichung umfassender Musikpflege gegründet wurde, rasch in Graz, Linz und Innsbruck Nachahmung fand und ab 1817 das erste Wiener Konservatorium unterhielt. Ein Charakteristikum solcher Einrichtungen ist ihre bemerkenswerte soziale Durchlässigkeit, die – freilich stets nur im Zusammenhang mit der Musikausübung – eine relativ freie Mischung aus adeliger und bürgerlicher Beteiligung ermöglichte.

Die Basis für die Wiener Musikbegeisterung bildete das weit verbreitete häusliche Musizieren. In ungezählten adeligen, zunehmend aber auch bürgerlichen Haushalten stand ein Klavier, traf man sich zum kammermusikalischen Ensemblespiel oder pflegte den solistischen und gemeinschaftlichen Gesang. Das nahezu unüberschaubare Musikrepertoire, das für diese Anlässe produziert wurde und dem Wiener Musikverlagswesen eine beispiellose Blüte bescherte, ist bisher höchstens in Ansätzen erforscht. Auch der junge Schubert war als Geiger in das familiäre Streichquartett integriert; der Großteil seiner frühen Kammermusik dürfte in diesem Kontext entstanden sein. Und im Konvikt, in dem es tägliche Orchesterproben gab, bot sich ihm sogar die Plattform zum Experimentieren mit größeren Besetzungen; wahrscheinlich gehört die erste Sinfonie (Oktober 1813) in diesen Rahmen, zu dem Schubert ja nach dem Ende seiner Schulzeit den Kontakt behielt.

Wichtiger für ihn wurde nach dem Austritt aus dem Konvikt das kleine Dilettantenorchester, das sich anfangs in der Wohnung des Kaufmanns Franz Frischling in der Dorotheergasse versammelte und seit dem Herbst 1815 auch vor geladenen Zuhörern zu musizieren begann. Es wurde, weil stetig sich vergrößernd, Ende 1815 in die Wohnung des Burgtheater-Geigers Otto Hatwig im Schottenhof und im Frühjahr 1818 in den Gundelhof (gelegen zwischen Petersplatz und Hohem Markt) verlegt und war in seiner Mischung aus Liebhabern und professionellen Musikern, die für ihre Arbeit entschädigt wurden, eine typische Wiener Erscheinung der Metternich-Ära. Auch nach dem Ausscheiden Hatwigs existierte der Kreis weiter, bis er aus Geldmangel im Herbst 1820 seine Aktivitäten einstellen musste. Schuberts frühe Orchesterwerke, also die ersten Sinfonien und die frühen Ouvertüren, sind mit hoher Wahrscheinlichkeit für dieses Ensemble entstanden.

Nicht weniger charakteristisch für die bürgerliche Selbstorganisation des Wiener Musiklebens waren die beliebten Musikveranstaltungen in der Wohnung des kaiserlichen Rates und Professors Ignaz Sonnleithner (1770–1831), die aus privaten Durchspielproben allmählich zu halböffentlichen Produktionen erwuchsen und von Mai 1815 bis Februar 1824, unter dem stets beibehaltenen Namen «Musikalische Übungen», vor einer schließlich mehr als 120-köpfigen, durch die Ausgabe von Eintrittskarten kontingentierten Zuhörerschaft stattfanden. Hier wurden vor allem Opernausschnitte, Vokal-Ensembles und Kammermusik gepflegt, und wohl nicht zuletzt durch Vermittlung des mit Schubert befreundeten ältesten Sohnes, Leopold Sonnleithner (1797–1873), gelangten auch einige Werke Schuberts hier zu ihrer ersten Aufführung. Nicht zufällig hatten die Brüder Ignaz und Joseph Sonnleithner zu den Initiatoren bei der Gründung der Gesellschaft der Musikfreunde gehört, deren «Abendunterhaltungen» bis 1822 ebenfalls in ihrer Wohnung im Gundelhof stattfanden, bis sie schließlich im «Roten Igel» (Innere Stadt, Unter den Tuchlauben) ihren ersten festen Veranstaltungsort erhielten. Dieses neue Lokal löste dann allmählich die anderen, auch für Schubert-Aufführungen wichtigen Räume in ihrer Bedeutung ab: den schon lange entsprechend verwendeten Gasthaussaal im «Römischen Kaiser» und den seit 1813 auch für Konzerte genutzten Landständischen Saal (oder auch kurz «Landhaussaal») in der innerstädtischen Herrengasse.

Eine Spezialität des Wiener Musiklebens bildete der exklusive Zirkel um den Hofkriegsrat Raphael Georg Kiesewetter, in dessen Wohnung seit 1816 «historische» Liebhaberkonzerte veranstaltet wurden. Das heißt, dass man sich hier dezidiert mit sogenannter «alter» Musik beschäftigte, und Schubert, der nachweislich spätestens seit 1823 mit Kiesewetter bekannt war und für dessen Tochter Irene in seinem letzten Lebensjahr sogar eine Geburtstagskantate komponierte (*Al par del ruscelletto chiaro* D 936), könnte hier mit der Musik Bachs und Händels vertraut gemacht geworden sein.

Den gleichsam alltäglichen künstlerischen Umgang aber pflegte Schubert, wie bereits erwähnt, zweifellos in der Geselligkeitskultur seiner verschiedenen Freundes- und Bekanntenkreise, deren Umfang freilich nicht mit letzter Zuverlässigkeit zu rekonstruieren ist. In manchen dieser im Metternich'schen Wien mit unterschiedlichen Graden an Organisiertheit emporsprießenden Zirkel, etwa der bestens dokumentierten «Unsinnsgesellschaft» um die Kupelwieser- und Anschütz-Brüder, sind einige Freunde Schuberts, nicht aber dieser selbst unmittelbar nachzuweisen. Viele dieser Freunde wiederum gaben erst Jahrzehnte nach Schuberts Tod, von ersten Biographen dazu animiert, entsprechende Auskünfte, und der Fülle ihrer Memoiren gegenüber nimmt sich das Quellencorpus zeitgenössischer Dokumente (etwa die Tagebuchaufzeichnungen der in den mittleren 1820er Jahren nach Wien gekommenen Brüder Hartmann) eher bescheiden aus. Doch auch bei aller gebotenen Skepsis gegenüber nachträglicher Stilisierung dürfte feststehen, dass Schubert zeitlebens in diverse gesellige Zirkel eingebunden war, die nicht zuletzt sein musikalisches Unterhaltungstalent zu schätzen wussten. Dabei reichte das Spektrum der Zusammenkünfte von reinem Divertissement inklusive sommerlicher Landpartien und «Würstelbälle» bis hin zur anspruchsvollen intellektuellen Diskursivität einer Lesegesellschaft, die sich freilich unter dem Metternich'schen Überwachungsregime nur in engen Grenzen entfalten konnte. Es ist nicht einmal ausgeschlossen, dass der um 1821 aufgekommene Name «Schubertiade», den Franz von Schober als einer ihrer wichtigsten Protagonisten für diese Formen der Geselligkeit erfunden haben könnte, einer gezielten Verharmlosung dessen diente, was oft genug von einiger literarischer oder philosophischer Sprengkraft gewesen sein dürfte. Vor allem aber zeigt der Name deutlich an, wie sehr diese Zusammenkünfte auf Schubert zugeschnitten waren, der nicht selten ganze Abende mit der Improvisation von Walzern, Ländlern, Ecossaisen und anderen Tänzen am Klavier bestritt. Doch muss man in Rechnung stellen, dass Schubert unter allen befreundeten Intellektuellen, Literaten und bildenden Künstlern gerade als seriöser Komponist – nicht nur von Liedern und Tänzen, sondern auch von Instrumentalmusik – ernst genommen wurde; er war also als musikalischer Diskurspartner in einer Weise geschätzt, über die noch nachzudenken sein wird.

Bevor man diese Kultur vorschnell zur typischen Charakteristik des «Biedermeier» vereinfacht, sollte man sich daran erinnern, dass das Zeitalter auch eine politisch keineswegs harmlose Kehrseite hatte, die man mit Blick auf die später aus ihm hervorgehende Revolution als «Vormärz» bezeichnet hat. Und wie weit die Biedermeier-Geselligkeit der Schubert-Freunde auch daran partizipiert haben könnte, vermag eine Episode anzudeuten, die den Freundeskreis nachhaltig erschüttert hat: Im März 1820 wurde jener intellektuelle Zirkel, der sich um Schuberts Freund aus Konviktszeiten, den radikalen Tiroler Studenten Johann Senn (1795–1857), gebildet hatte, nach längerer polizeilicher Bespitzelung zum Gegenstand einer überraschenden Bücher-Visitation in Senns Wohnung, die zu Senns Verhaftung und schließlicher Abschiebung nach Tirol und damit zur dauerhaften Zerstörung seiner intellektuellen Karriere führte. Schubert, neben einigen anderen Freunden Zeuge dieser Razzia, soll dabei durch derbe «Verbalinjurien» gegen die Staatsgewalt aufgefallen sein; übrigens wurde er dabei protokollarisch immer noch als «Schulgehilfe aus der Roßau» erfasst (Dok., 88). Wie weit sich danach also die regelmäßigen Treffen der Freunde unter dem Eindruck solcher Einschüchterungsmaßnahmen dezidiert den Anschein harmlos-musikalischer «Schubertiaden» gaben, kann nur vermutet werden. In ihnen fand Schubert jedenfalls ein soziales Netzwerk vor, in dem sich anfangs bis auf weiteres überleben ließ; bezeichnend ist, dass er schon gleich nach dem Verlassen des väterlichen Haushalts für ein erstes Jahr mietfrei bei Schober unterkam. Überhaupt hat Schubert nur dreimal für jeweils kurze Zeit allein gewohnt. Zweifellos hat er beim Ausscheiden aus dem gesicherten Lehrerberuf in diesem Netzwerk seine wichtigste Absicherung gehabt.

2. Erste Versuche und frühe Meisterschaft

Systematische Eroberung der Gattungen

Das erste vollständig erhaltene Werk Franz Schuberts stammt aus dem Jahr 1810, und mit ihm hat Otto Erich Deutsch denn auch sein chronologisches Werkverzeichnis eröffnet: eine Fantasie für Klavier zu vier Händen in G-Dur, D 1. Autographe Datierungen im Kompositionsmanuskript zeigen, dass Schubert im April und Mai etwa drei Wochen daran gearbeitet hat. Anderthalb Jahre also nach dem Eintritt ins Konvikt begonnen, lässt das mit relativ sicherer Handschrift niedergeschriebene Werk vermuten, dass sein Komponist um diese Zeit sogar schon über eine gewisse Routine verfügte, obwohl sich die Anfänge natürlich im Dunkel verlieren. Erstaunlich ist aber nicht einfach der frühe Beginn von Schuberts Komponieren, sondern weit mehr noch die Selbstverständlichkeit, mit der bereits der jugendliche Anfänger auf nahezu das gesamte Gattungsspektrum zugegriffen hat. Schon allein das erste Dutzend der Deutsch-Verzeichnis-Nummern umfasst Klaviermusik, Lieder, Streicherkammermusik in Quartett- und Quintettbesetzung, den Beginn jeweils einer Sinfonie und einer Orchester-Ouvertüre, eine Schauspiel-Ouvertüre und schließlich ein (Fragment gebliebenes) Bühnenwerk, das Singspiel *Der Spiegelritter* D 11. Nicht wenige dieser Stücke, vor allem aus dem Bereich der Kammer- und der Orchestermusik, sind zwar Ansätze und Versuche geblieben, aber sie entstammen alle dem frühen Zeitraum 1810/1811 und repräsentieren mit Ausnahme der Kirchen- und Konzertmusik bereits fast alles, was das damalige musikalische Gattungssystem bereithielt. Zweifellos wurde dies durch das musikalische Umfeld des Konviktsbetriebs gefördert oder überhaupt erst ermöglicht – die fertiggestellten Orchesterwerke wie etwa die Schauspiel-Ouvertüre D 4 dürften mit dem Konviktsorchester zur Aufführung gelangt sein. Von Anfang an also zielte der junge Komponist auf ein Profil, das man seinem reifen Œuvre denn auch bedenkenlos zuerkennen mag: Schubert war einer der großen Universalisten der Musikgeschichte, in deren Lebenswerk praktisch alle Gattungen zahlreich und mit bedeutenden Werken vertreten sind. Die einzige Ausnahme – das Fehlen des solistischen Instrumentalkonzerts im Werkkatalog – wird noch zu erläutern sein.

Dass der junge Schubert sich beim Komponieren auf Hilfe und Anleitung stützen konnte, ist unwahrscheinlich; der erst im Sommer 1812 einsetzende Unterricht bei Salieri zielte auf andere Gegenstände und bezog sich eher auf das Metier, das der Hofkapellmeister qua Amt beherrschte: Opern- und Vokalmusik. Beim Ausloten des gesamten Gattungsspektrums war Schubert also auf die Orientierung an Modellen angewiesen, und in vielen Fällen lassen sich sogar konkrete Vorbilder plausibel machen. So ist etwa für die Streichquintett-Ouvertüre D 8 Luigi Cherubinis Ouvertüre zu seiner Wiener Oper *Faniska* als Modell in die Diskussion gebracht worden, und tatsächlich verdankt sich die im Vergleich mit anderen seiner Instrumentalwerke aus dieser Zeit relativ sichere Formgebung des Stücks wohl der präzisen Orientierung an Cherubinis Musterwerk. Bemerkenswert ist freilich die Tatsache, dass Schubert hier ein Orchesterwerk in eine kammermusikalische Struktur umsetzte, aber das ist auch bei anderen seiner frühen Werke für Streichquartett zu beobachten, für die in manchen Fällen ein Sinfoniesatz Haydns oder Mozarts das Muster abgegeben haben könnte. Das bedeutet aber auch, dass dem Dreizehn- oder Vierzehnjährigen die konstitutiven Differenzen im Tonsatz diverser Gattungen noch nicht restlos zum Bewusstsein gekommen waren. Auch viele der frühen Streichquartette, die bis zum ersten Auszug aus dem Elternhaus entstanden sind, zeigen, wenig gattungstypisch, auffallend häufig orchestrale Züge, die anders kaum zu erklären sind. Zudem dürfte der Umstand, dass der junge Schubert im Orchester des Konvikts wie im familiären Streichquartett manches Orchesterwerk wahrscheinlich nur in einem der zahlreich kursierenden Arrangements kennengelernt hat, zu dieser Verwischung der Gattungsgrenzen erheblich beigetragen haben. Ohnehin war das Repertoire des Konviktsorchesters (das allerdings, weil die Bibliothek dieser Institution verschollen ist, nicht zuverlässig rekonstruiert werden kann) keineswegs auf den heute bekannten «klassischen» Kanon beschränkt, sondern umfasste neben Sinfonien und Ouvertüren von Haydn, Mozart und Beethoven auch solche von Pleyel, Krommer, Rosetti, Romberg, Weigl, Spontini oder Cherubini.

Es gibt allerdings auch den Fall, dass Schubert bei der Anverwandlung eines klassischen Modells strikt im Rahmen der vorgegebenen Gattung blieb, so etwa im Fall des Klaviertrio-Satzes in B-Dur D 28 vom Sommer 1812, für den man den Kopfsatz des in gleicher Tonart stehenden Klaviertrios KV 502 von Mozart als Vorbild vermuten darf. Damit ist an Schuberts Kompositionsmanuskript eine hochinteressante Beobachtung zu machen. Fast der gesamte Tonsatz der ersten Hälfte ist mit Bleistift vorskizziert und erst in einem späteren Stadium mit Tinte fixiert worden. Daher ist der Arbeitsvorgang als solcher ziemlich klar rekonstruierbar, und er präfiguriert erstaunlich früh jene personalstilistische Besonderheit Franz Schuberts, für die Robert Schumann später die schöne Formulierung von der «himmlischen Länge» fand: Länge im Sinne formaler Großräumigkeit, die als das glatte Gegenteil von Ökonomie und Knappheit das unersättliche melodische Aussingen ermöglicht, wird von Schubert systematisch in mehreren Arbeitsschritten generiert. Zunächst folgt die Exposition des Satzes im Umriss noch sehr deutlich dem Mozart'schen Modell mit Hauptthema, modulierender Überleitung und dominantischem Seitensatz, und am Ende dieser durch Nachahmung des Vorbilds geradezu klassisch dimensionierten Exposition steht denn auch der erforderliche Doppelstrich mit dem Doppelpunkt als Wiederholungszeichen. In einem weiteren Arbeitsschritt aber hat Schubert diese Doppelstrich-Zäsur getilgt und den in der Dominante einsetzenden Durchführungsbeginn, der übrigens mit der gleichen Melodieformel wie die Mozart'sche Vorlage arbeitet, kurzerhand zum Beginn des dominantischen Seitenthemas umgedeutet, um dieses dann, nun das Vorbild hinter sich lassend, in großem Umfang weiter auszuspinnen. Erst danach setzen die weiteren Formteile – Durchführung und natürlich eine umfangreiche Reprise – ein. Die aufschlussreiche Pointe dieses Verfahrens besteht darin, dass der gut erkennbare Punkt der Abweichung vom Modell mit einem Schlag die klassisch intendierten Proportionen ins Groteske verzerrt, damit aber einen kompositorischen Impuls zu erkennen gibt, der zu Schuberts Idiom unablösbar hinzugehört und den er im Lauf seiner Entwicklung erst zu bändigen lernen musste: geradezu räumlich wirkende Weite, langsame Entfaltung statt rapider Entwicklung, unersättliches melodisches Fortspinnen und eine bemerkenswerte Unbekümmertheit um strukturelle Ökonomie. In diesem Jugendwerk erscheinen all diese Eigenschaften durchaus noch als handwerkliches Ungeschick; in seiner Reifezeit aber hat Schubert damit etwas entwickelt, was die Musiklandschaft des 19. Jahrhunderts bis in die Tiefen hinein verändern sollte. Das Problem war damit gleichsam exponiert, an der Lösung musste noch viele Jahre experimentiert und gearbeitet werden.

Doch betrifft die Anlehnung an Modelle ohnehin den bei weitem kleineren Teil von Schuberts früher Instrumentalmusik. Charakteristisch für sie ist vielmehr das in alle denkbaren Richtungen ausschreitende und formal kaum je eindeutig zu definierende Experimentieren. Was fast all diese Werke, gleich welcher Gattung, unterschiedslos zu erkennen geben, ist ein völlig unbeeindruckter, aber bei allem Selbstbewusstsein auch noch weitgehend unbeholfener Umgang mit dem um diese Zeit eigentlich schon konkurrenzlos etablierten Strukturmodell der klassischen Sonatenform. Die frühen Klavierwerke sind von vornherein als Fantasien ausgewiesen, müssen sich dem Anspruch also gar nicht erst stellen, aber die ersten Streichquartette und Ouvertüren machen fast den Eindruck, als habe der junge Komponist die Grammatik dieser Formanlage noch gar nicht ganz durchschaut. Ein extremes Beispiel bietet die Orchester-Ouvertüre D 4, die während ihres gesamten Verlaufs nicht moduliert, also ihre Grundtonart D-Dur gar nicht verlässt (stattdessen kann sich der Komponist hier auf die Probleme der Satztechnik und Instrumentation konzentrieren). Und wenn diese tonale Statik schon in den nächsten Werken in das andere Extrem, die für Schubert später so charakteristische harmonische Vielfalt, umschlägt, dann wirkt das formbildende Ansteuern unterschiedlichster Tonartbereiche hier noch eher chaotisch als wirklich planvoll strukturiert. Unter allen Instrumentalwerken bis zur im Oktober 1813 vollendeten ersten Sinfonie gibt es in Schuberts Frühwerk keinen formal überzeugenden, strukturell stimmigen Sonatensatz – es sei denn, das Werk ist, wie oben angedeutet, nachweislich auf dem Grundriss eines Haydn'schen, Mozart'schen oder Cherubini'schen Modells erarbeitet. Somit vermittelt der Blick auf die Instrumentalwerke der ersten drei Jahre eine tiefe Einsicht in Schuberts Kompositionswerkstatt, die je nach Wohlwollen und Einstellung des Betrachters einmal als eklektische Bastelkammer, ein anderes Mal als kühnes Experimentallabor erscheinen kann. Viele der Jugendwerke lassen zwar die Ambition zu struktureller Mehrdeutigkeit erkennen, die denn auch zu einem der wichtigsten ästhetischen Markenzeichen des reifen Schubert werden sollte, bringen es aber bei aller Frische des Tonfalls meist nur zu formaler Undeutlichkeit. Erst mit der ersten Sinfonie D 82, die daher geradezu wie ein Durchbruch wirkt, gewann dann im Herbst 1813 die Einsicht in die Vorteile struktureller Verständlichkeit die Oberhand und war zudem die Beherrschung der Mittel zu ihrer Herstellung erreicht: Von nun an stehen Schuberts instrumentale Sonatenformen zwar keineswegs ohne Eigenwilligkeiten, aber stets in großer Klarheit und mit rapide zunehmender Ausbildung eines unverwechselbaren Tonfalls da.

Unter allen Jugendwerken, die eine Fülle experimenteller Züge, aber auch unbestreitbarer Schwächen zeigen, steht freilich eine Gattung fast sofort und ohne große Umwege in ihrem Zuschnitt fest: das Lied, das denn auch von Anbeginn an zu Schuberts besonderem Markenzeichen werden sollte. Es ist nicht zufällig dieses Genre, das gleich und dauerhaft die Aufmerksamkeit der Freunde und Weggefährten erregt hat, und damit wurde es auch der eigentliche Schlüssel zu Schuberts schon früh einsetzendem Erfolg.

Erstes Markenzeichen: «das» Schubert-Lied

Warum Schubert im Lied ungleich schneller zu reifen Resultaten kam als in allen anderen Gattungen seines Schaffens, ist nicht leicht zu sagen. Zweifellos muss man von der Tatsache einer einzigartigen lyrischen Begabung ausgehen, wie dies schon die ersten Konviktsfreunde beobachten konnten. Fast alles, was Schubert in Gedichtform begegnete, verwandelte sich ihm in Musik, und zwar sehr unabhängig von dem, was die Literaturkritik gemeinhin an Lyrik als poetische Qualität empfindet. Diese lyrische Begabung Schuberts war rein rezeptiv; die wenigen Gedichte aus seiner Feder, die sich erhalten haben, sind zwar durchaus präsentable, aber die Konventionen des Zeitalters an keiner Stelle sprengende Produkte eines sensiblen Epigonen – so wie die meisten, oft nur in Schuberts Vertonungen überlieferten Gedichte seiner Freunde auch. Eigene Gedichte zu vertonen kam dem offensichtlich auf Fremdanregung Angewiesenen denn auch bezeichnenderweise kaum in den Sinn; das Abschiedslied für den vorübergehend abwesenden Freund Schober (D 578, 1817) gehört zu den seltenen Ausnahmen.

Lieder waren, ein immenser Vorteil für ihre rasche Verbreitung, ohne Aufwand in kleinsten Kontexten aufführbar und füllten in der Regel gerade einen einzigen Manuskriptbogen, der sich ohne weiteres in jeder Rocktasche transportieren ließ. Sie waren damit als Kunstform für die im Biedermeier kultivierte Geselligkeit geradezu prädestiniert. Auch hier stieß Schubert keineswegs auf unbeackertes kompositorisches Neuland, sondern reihte sich in eine schon lange andauernde Gattungsentwicklung ein. Aber einen nicht ganz unwesentlichen Unterschied mag er doch bemerkt und geschätzt haben: Anders als auf den vielen Feldern der Instrumentalmusik stellten auf dem Gebiet des Liedes die großen Namen Haydn, Mozart und Beethoven – jedenfalls bis zum Erscheinen von Beethovens Liederzyklus *An die ferne Geliebte* op. 98 (1816) – keine ehrfurchtgebietende Konkurrenz dar. Für Schuberts ungewöhnlich raschen und fast traumhaft sicheren Zugriff auf das Lied könnte das, neben der genial ausgeprägten lyrischen Rezeptivität, eine weitere Erklärung sein. Die Vorbilder, an denen sich Schubert als Liedkomponist zu orientieren und abzuarbeiten hatte, stammten denn auch nicht aus der näheren Umgebung, sondern aus dem süd- und mitteldeutschen Raum, und in der produktiven Anverwandlung ihrer Gedichtvertonungen hat sich der junge Komponist fast im Handstreich über sie hinaus- und in sein eigentliches Metier hineinentwickelt.

Die in sieben Heften erschienenen Lieder und Balladen des Stuttgarter Komponisten und Musikdirektors Johann Rudolf Zumsteeg (1760–1802) scheinen zum Inventar der Konviktsbibliothek gehört zu haben, und sie bilden die ersten Modelle der Lyrikvertonung, die Schubert kennengelernt hat. Sein frühestes erhaltenes Werk dieser Gattung jedenfalls, die affektvolle Ballade *Hagars Klage* D 5 (März 1811), ist ganz nach dem wenige Jahre älteren Vorbild Zumsteegs gearbeitet, übertrifft dieses aber mit einer Aufführungsdauer von nicht weniger als einer Viertelstunde an Ausdehnung bei weitem. Gleich in der nächsten einschlägigen Komposition, *Des Mädchens Klage* D 6 (1811 oder 1812), greift er einen Text Friedrich Schillers auf und hält darin etwa die Mitte zwischen durchkomponierter Ballade und einfachem Lied, während die folgende Werkkatalog-Nummer, die ebenfalls auf einem Schiller-Text beruhende *Leichenfantasie* D 7 (ca. 1811), eine typologische Einordnung vor Probleme stellt. Schon diese ersten drei Beispiele lassen erkennen, wie schwer die liedhaften Sonderformen des frühen 19. Jahrhunderts terminologisch distinkt zu erfassen sind, und Schubert hat sich offenbar ohne Berührungsängste die gesamte Breite des Spektrums zu eigen gemacht. Die drei Beispiele können aber auch zeigen, wie systematisch diese Erarbeitung vor sich ging: Das Schiller-Lied *Des Mädchens Klage* hat Schubert noch zwei weitere Male, offenbar auf steter Suche nach der weiter perfektionierten Form, vertont (D 191, Mai 1815, und D 389, März 1816), und in der Tat lässt die Reihe dieser drei Vertonungen einen immer stringenter werdenden musikalischen Verlauf sichtbar werden. Bereits die zweite Vertonung, die ihrerseits in zwei Fassungen vorliegt, erachtete Schubert gut zehn Jahre später als würdig, in eines seiner gedruckten Liederhefte (op. 58, 1826) aufgenommen zu werden. Sie bietet bereits ein perfektes Beispiel jenes Liedtypus, der für Schuberts lyrisches Schaffen prägend werden sollte: das Strophenlied, dessen formale Anlage von (wie hier) einfacher strophischer Wiederholung bis hin zu subtilster strophischer Variierung und Verschachtelung reichen kann.

Die naturgemäß an einer erzählten Handlung entlang komponierte, oft sogar tonartlich anders schließende als beginnende Ballade einerseits und das im Idealfall eine kleine musikalische Einheit vielfach repetierende einfache Strophenlied andererseits stellen gleichsam die extremen Ränder des formalen Spektrums dar, zwischen denen sich Schuberts Aneignung von Lyrik mit Zielstrebigkeit und Sicherheit bewegt. Dabei hat der junge Komponist an manchen seiner umfangreichen Balladen ausgesprochen lange gefeilt: Die Vertonung von Schillers *Taucher* D 77 etwa weist autographe Datierungen von September 1813 bis April 1814 auf und liegt überdies in einer 1815 entstandenen zweiten Fassung vor. Einige Entwicklungsschritte heben sich im Lauf der Jahre deutlich ab: So verschwindet aus dem lyrischen Gesamtwerk Schuberts – deutliches Symptom für eine Abklärung und Konsolidierung der eigenen Liedästhetik – nach 1823 das aus der Ballade übernommene Verfahren, Lieder in einer anderen Tonart als der des Beginns enden zu lassen, für immer.

Weitere für den jungen Schubert zentrale Modelle finden sich im Liedschaffen des aus Königsberg stammenden, später in Berlin und in Mitteldeutschland wirkenden Johann Friedrich Reichardt (1752–1814), von dem Schubert mindestens die 1804 erschienene Sammlung *Lieder der Liebe und Einsamkeit* gekannt haben muss, aus der er mehrere Textvorlagen übernahm – eine der Möglichkeiten, an vertonbare Liedtexte zu gelangen. Abgesehen von den bereits durch Vorgänger vertonten Gedichten, war nämlich den Konviktszöglingen zumindest für die Dauer ihrer Schulzeit nur ein begrenzter Literaturkanon zugänglich. Schiller zum Beispiel gehörte kaum dazu, und überhaupt die aktuelle deutsche Produktion nur ausnahmsweise. Durch diese Geschmacksprägung erklärt sich die Textwahl der frühen Schubert-Lieder, denen vor allem Gedichte von Klopstock, Matthisson, Kosegarten, Claudius oder Hölty aus den zahlreich kursierenden Musenalmanachen zugrunde liegen; diesen Dichtern hat er geradezu systematische Serien von Vertonungen gewidmet. Von Anfang an aber bildete auch die Lyrik aus der Feder von Schuberts Freunden einen beträchtlichen Anteil an Textvorlagen, und so lässt sich das Corpus der frühen Schubert-Lieder durchaus als ein sprechendes Dokument der österreichischen Literaturrezeption der Nachkongresszeit lesen. Durch die Freunde wohl mehr als durch eigene Lektüre wurde Schubert mit vertonbaren Gedichten versorgt, so dass man sich vorzustellen hat, dass um ihn herum ein unentwegt nach Geeignetem suchender Lektorenkreis tätig gewesen ist – ein weiterer Beleg für die existentielle Bedeutung der freundschaftlichen Geselligkeit.

Dichter der Empfindsamkeit, Lyrik der Freunde und die beiden Klassiker Schiller und Goethe, letzterer am nachhaltigsten, bilden neben manchem heute vergessenen Namen den Grundstock für Schuberts erste Liedproduktion. Auch der über viele Jahre und mehrere Fassungen hinweg vom einfachen Lied (D 484) bis zum großen streicherbegleiteten Vokalquartett (D 714) entwickelte *Gesang der Geister über den Wassern* verdankt seinen Text dem maßlos bewunderten Goethe. Wahrscheinlich war Schubert beeindruckt von der Systematik, mit der sein Vorbild Reichardt den Weimarer Dichter in einer ganzen Serie von Liedern vertonte. Zugleich kann man aber auch feststellen, dass Schubert im Verlauf seiner Entwicklung die Reichardt'sche Perspektive auf Goethe, die sich noch um das gesamte breite Spektrum von dessen Lyrik bemühte, in für das 19. Jahrhundert folgenreicher Weise drastisch eingeengt hat: von den anfänglich noch mitbedachten Gattungen der Ballade, der Deklamationsszene und der Hymne weg und hin auf das in der späteren Germanistik so genannte, oft mit hoher Artifizialität vereinfachte «Erlebnisgedicht». Dieser Typus, in Goethes Lyrik nur einer neben vielen anderen, hat sich mit Schuberts Musik schon zu einem frühen Zeitpunkt und überaus nachhaltig zur Idealform «des» Schubert-Liedes verbunden – auch wenn der Komponist vor den notorisch sperrigen freirhythmischen Goethe'schen Sturm-und-Drang-Gedichten wie *Ganymed* (D 544, März 1817) oder *Prometheus* (D 674, Oktober 1819) keineswegs zurückschreckte, vielmehr diese Textsorte auch in den Ossian-Gesängen und den Mayrhofer-Vertonungen gezielt suchte und sogar noch 1825 in den Gesängen nach Johann Ladislaus Pyrker die Auseinandersetzung mit dem Hexameter nicht scheute.

Dabei sind gerade die ersten beiden dauerhaft berühmt gewordenen Goethe-Vertonungen noch gar nicht auf dieses Modell festzulegen. *Gretchen am Spinnrade* D 118, komponiert am 19. Oktober 1814 und in der älteren Literatur ebenso sinnwidrig wie wirksam bisweilen als Geburtsstunde des deutschen Kunstliedes apostrophiert, ist eine Szene aus Goethes Drama *Faust* und exponiert, obwohl formal ein strophisches Lied, eine die Bühnenhandlung vorantreibende dramatisch-affektive Situation. Schuberts Vertonung besticht nicht etwa durch eine Neuheit der Mittel im einzelnen, sondern durch die stupende Kraft ihrer ästhetischen Integration: Formal ein kunstvoll variiertes Strophenlied, ist das Werk doch ein geradezu dramatisch entwickelter Gefühlsausbruch, der auf seinem Höhepunkt mit einer schneidend dissonanten Fermate, dem Stillstand des ostinat ablaufenden Spinnrades wie des liebenden Herzens, einen unvergesslichen Effekt disponiert. Und auch der wohl ein Jahr später entstandene *Erlkönig* D 328 ist kein Lied, sondern eine Ballade, an deren Schlagkraft und Intensität sich allerdings der Fortschritt zeigen lässt, den sich der achtzehnjährige Komponist seit seiner ersten Zumsteeg-Kopie von 1811 erarbeitet hat. In beiden Exemplaren erscheint «das» Schubert-Lied nicht als Typus, sondern als Realisierung eines nicht mehr hintergehbaren technischen Niveaus: als Gebilde aus emanzipiertem Gesang und selbständig gewordener Klavierstimme, die aus dem früheren Akzidens der bloßen «Begleitung» zum konstitutiven Bestandteil der Komposition geworden ist. Nichts auf dem Gebiet der Instrumentalmusik Schuberts, nichts auch in anderen Vokalgattungen hat um diese Zeit auch nur annähernd jenen Grad an kompositorischer Perfektion, struktureller Konsistenz und idiomatischer Individualität erreicht wie diese beiden Goethe-Vertonungen.

Beide Werke haben nachträglich eine besondere Bedeutung für Schuberts Werkbiographie erlangt. Am 17. April 1816 schickte Schuberts älterer Freund Joseph von Spaun, wie schon erwähnt, ein kalligraphisch zusammengestelltes Heft mit Goethe-Vertonungen, unter ihnen auch den *Erlkönig* und das *Gretchen*-Lied, mit einem respektvoll formulierten Begleitschreiben nach Weimar. Aus dem Begleitbrief geht interessanterweise eine systematische Planung des Komponierens hervor, die Schubert als Anlage ganzer Dichter-Serien verfolgt zu haben scheint: «Sie wird aus 8 Heften bestehen», schreibt Spaun an Goethe. «Die ersten beiden (wovon das erste als Probe beiliegt) enthalten Dichtungen Euer Exzellenz, das dritte enthält Dichtungen vom Schiller, das 4te und 5te vom Klopfstok, das 6te vom Mathißon, Hölty, Salis etcetc., und das 7 und 8te enthalten Gesänge Ossians, welch letztere sich vor allen auszeichnen» (Dok., 40 f.). Abgesehen von der unkommentierten Rücksendung des Manuskripts, gab es indessen von Goethe keine Reaktion – trotz der epochemachenden *Erlkönig*- und *Gretchen*-Vertonungen. Einige Jahre später bildeten diese beiden, im Freundeskreis und in manchen Wiener Salons inzwischen überaus populären Lieder das langerwartete Debüt Schuberts auf dem Musikalienmarkt: Diesmal waren es Joseph Hüttenbrenner und Leopold Sonnleithner, die im Frühling 1821 die Initiative ergriffen, indem sie die beiden Lieder zur Publikation brachten, und zwar in Einzeldrucken, für die der risikoscheue Verlag, Cappi & Diabelli, lediglich als Kommissionär auftrat. Der *Erlkönig* erschien als Schuberts Opus 1, *Gretchen am Spinnrade* als Opus 2. Inwieweit Schubert an all diesen Aktionen seiner Freunde beteiligt war, die immerhin seinen endlichen Durchbruch in die breite öffentliche Wahrnehmung bewerkstelligten, lässt sich nicht befriedigend eruieren. Auch weitere, gleich anschließend gedruckte Opera (op. 3, op. 5, op. 12 und op. 14), nun jeweils zu größeren Heften von zwei bis fünf Gesängen zusammengefasst, enthielten ausschließlich Goethe-Lieder und wurden in den Jahren 1821 und 1822 ebenfalls auf eigenes Risiko publiziert. Das Goethe-Liederheft Opus 19 schließlich, das erstmals nicht mehr in Kommission, sondern auf Rechnung des Verlages erschien und ausdrücklich dem Dichter gewidmet war, sandte Schubert im Frühsommer 1825 in zwei aufwändig gebundenen Prachtexemplaren mit einem kurzen Begleitschreiben an den Dichter; auch dieser zweite Versuch blieb wie der von 1816 ohne Antwort.

Goethes (Nicht-)Reaktion, über die man sich oft gewundert hat, ist nicht so schwer zu erklären – falls er die eingesandten Lieder denn überhaupt zur Kenntnis nahm. Schubert ging in seinen Vertonungen mit dem Gedicht grundsätzlich nicht einfühlend und daher auch nicht tautologisch, unter musikalischer Verdopplung der Gedichtempfindung, um, sondern setzte ihm mit voller Konsequenz eine autonom strukturierte, eigenen Gesetzen gehorchende Musik geradezu entgegen. Im Extremfall wie etwa in Schuberts Goethe-Vertonung *Wanderers Nachtlied* D 768 (Frühjahr 1824) ließe sich sogar das Gedicht, wenn man nur den Notentext des Liedes vor sich hätte, als strikte poetische Form aus der Musik heraus kaum rekonstruieren. Genau dieses Spannungsverhältnis kann Goethe an Schuberts Vertonungen seiner eigenen Gedichte sehr wohl aufgegangen sein, so dass er also die eingesandten Exemplare nicht nur nicht verkannt, sondern vielleicht nur allzu gut verstanden hat. Denn seiner Liedästhetik, die ihn Komponisten wie Reichardt oder Zelter favorisieren ließ, schwebte ein Ideal von leicht singbarer strophischer Schlichtheit vor, gleichsam ein musikalisch überhöhter Gedichtvortrag. An Schuberts kompositorischem Zugriff lässt sich daher auch gut begreifen, dass es einer musikalischen Lyrik, die als komponierte Struktur ihr Eigenleben ohne Rücksicht auf die empfindliche ästhetische Faktur des Gedichts gewinnt, auf die sogenannte poetische Qualität des Textes gar nicht anzukommen braucht. An Texten, die angeblich wenig literarischen Geschmack erkennen lassen, ist Schuberts Lied-Œuvre wahrlich reich, dies aber nur deshalb, weil für gelungene musikalische Lyrik in der Tat etwas ganz anderes entscheidend ist. Ein herausragendes Gedicht garantiert mitnichten ein ebenbürtiges Lied, während zweit- und drittklassige Lyrik ein überragendes Kunstlied keineswegs verhindern muss. Ein lehrreiches Beispiel dafür bietet etwa Franz von Schobers Gedicht *An die Musik*, dessen bei bloßer Textlektüre nicht zu überhörende Sentimentalität in Schuberts Vertonung (D 547, März 1817) vollkommen aufgehoben und mit der Musik zu einem mit Recht berühmten Kunstwerk verschmolzen ist. Die Vertonung hat gleichsam den Text, was dieser am Schluss seiner ersten Strophe ausdrücklich der Musik ja auch zutraut, «in eine bess're Welt entrückt».

Dass ausgerechnet Lieder einmal den Schritt des Vierundzwanzigjährigen an die Öffentlichkeit der Druckpublikation bewerkstelligen sollten, war am Anfang weder voraussehbar noch vorgesehen. Öffentliche Darbietungen – wie etwa jene der Goethe-Vertonung *Schäfers Klagelied* D 121 (22. Februar 1819) im «Römischen Kaiser» – erfuhren die Lieder anfangs nur selten. Zunächst bewegten sie sich vielmehr, in Autographen wie in Abschriften kursierend, im Umkreis der für Schubert typischen Geselligkeit. Ein schönes Dokument dafür ist das sogenannte *Liederalbum der Therese Grob*, das seine Überlieferung dem Umstand verdankt, dass Schubert wahrscheinlich dem Bruder seiner Jugendliebe eine Auswahl seiner Liedmanuskripte überließ, die später zusammengebunden wurden und von der Nachwelt dann als Thereses *Liederalbum* rezipiert worden sind. Therese Grob, deren Vater in der Nachbarschaft von Schuberts Elternhaus ein Seidenzeuggeschäft besaß, trieb ebenso wie ihr mit Schubert befreundeter Bruder Heinrich Hausmusik auf jenem beachtlichen Niveau, wie es für das kleinbürgerliche Lichtentaler Umfeld, in dem Schubert aufwuchs, typisch war. Therese war denn auch die Sopranistin in der für Schubert so bedeutsamen Lichtentaler Uraufführung seiner F-Dur-Messe, und späteren Zeugnissen zufolge wäre sie für Schubert angeblich sogar eine Heiratsoption gewesen, wenn er sich nicht eben mit dem geringen Einkommen eines einfachen Schulgehilfen jeder Hoffnung auf die erforderliche amtliche Heiratserlaubnis hätte entschlagen müssen. Im *Album*, das 17 Lieder aus den Jahren 1814 bis 1816 umfasst, sind ausschließlich Texte jener empfindsamen Dichter versammelt, die für Schuberts Schaffen dieser Phase so charakteristisch waren (Klopstock, Claudius, Hölty und Matthisson), dabei aber andererseits, vielleicht mit Rücksicht auf den Geschmack der mutmaßlich eigentlich intendierten Empfängerin, die großen Formen (Balladen) und die großen Namen (Schiller, Goethe) auf beredte Weise ausgespart.

Diese ursprünglich häuslich-gesellige Liedpflege erweiterte und professionalisierte sich mit dem Auftreten jener Persönlichkeit, die für die Verbreitung von Schuberts Ruf als Liedkomponist von kaum zu überschätzender Bedeutung war: Im Herbst 1817 war der von Schubert schon lange aus der Ferne verehrte Hofopernsänger Johann Michael Vogl (1768–1840) durch Franz von Schober auf Schuberts Lieder aufmerksam gemacht worden und konnte sich rasch für sie begeistern. Seit 1821 sind auch öffentliche Aufführungen von Schubert-Liedern durch Vogl nachweisbar, beginnend mit dem *Erlkönig* im Rahmen einer Akademie der «Gesellschaft adeliger Damen zur Beförderung des Guten und Nützlichen» im Kärntnertortheater (7. März 1821), was für das erwähnte finanzielle Wagnis der Druckpublikation ausschlaggebend gewesen sein dürfte. Vogls Gesangsvortrag bildete aber auch, meist mit dem Komponisten als Klavierbegleiter, den Mittelpunkt vieler «Schubertiaden», und er war es auch, der den Komponisten später auf sommerlichen Kunstreisen durch Österreich begleitete. Zu Schuberts sonstigem Freundeskreis hielt der 30 Jahre ältere Vogl freilich stets eine gewisse Distanz; Erinnerungen schildern ihn als nicht virtuosen, aber ungemein ausdrucksstarken und intelligenten Sänger und zugleich als schwer nahbare, von manchen gar als arrogant empfundene Persönlichkeit. Seine profunde klassische Bildung trug ihm die Widmung eines 1821 ebenfalls bei Cappi & Diabelli in Kommission gedruckten Liederheftes (op. 6) ein, in dem Schubert unter anderem die Vertonungen einiger antikisierender Gedichte seines Freundes Johann Mayrhofer unterbrachte (*Memnon* D 541 und *Antigone und Oedip* D 542, beide 1817 entstanden). Zu einem ebenfalls wichtigen, in der Wiener Gesellschaft enorm beliebten Schubert-Sänger wurde der Baron Carl von Schönstein, den der Komponist 1824 bei seinem zweiten Ungarn-Engagement im Haushalt des Grafen Eszterházy kennenlernte.

Angesichts der schieren Dimensionen von Schuberts Lied-Œuvre drängt sich die Frage nach seinen Textwahlentscheidungen auf. Die Vorherrschaft der Empfindsamkeit bis 1816; die danach ansteigende Anzahl vor allem der Goethe-Vertonungen, zu denen die antikisierenden Gedichte aus dem Freundeskreis, besonders Mayrhofers, ein wichtiges Seitenstück bilden; die Entdeckung der Romantiker Schlegel und Novalis (ab 1819) oder der Gedichte Platens und Rückerts (1822) und schließlich, in den späteren 1820er Jahren, Müllers oder Heines, mit denen Schubert endgültig den Anschluss an die aktuellste zeitgenössische Literatur fand, laden natürlich zu einem Rückschluss auf seine geistige Entwicklung ein. Zweifellos steht die gesamte Gefühlspalette menschlichen Liebesglücks und -leids konkurrenzlos im Vordergrund, aber nicht von der Hand zu weisen ist die Vermutung, dass selbst diese Thematik bei Schubert wie im Freundeskreis einen ebenso steten wie verborgenen Bezugspol hatte, der unter den Bedingungen der Restaurationsepoche nie offen sichtbar werden durfte: die vor den Befreiungskriegen noch optimistische, nach dem Wiener Kongress jedoch herb enttäuschte Hoffnung auf politische Veränderungen. Die Rezeption der romantischen Literatur könnte bei der (quasi-)religiösen Transzendierung des freiheitlichen Vaterlandsgedankens geholfen haben und daher als Ausdruck utopischer Hoffnung wie als Kompensation politischer Enttäuschung gelesen werden; die «holde Kunst» der Musik wäre dann, wie in der Schober-Vertonung D 547 zum Ausdruck gebracht, jenes Medium, das zwar «in eine bess're Welt entrückt», aber gerade darin Utopisches reflexiv bewahrt. Mit dem düsteren Sarkasmus der *Winterreise* und der späten Heine-Lieder freilich sollte dann das illusionslose Ende der utopischen Hoffnung in beispielloser Radikalität erreicht werden.

Die frühen Sinfonien und ihr Kontext

Als der sechzehnjährige Schubert kurz vor seinem Austritt aus dem Konvikt im Oktober 1813 seine erste Sinfonie in D-Dur D 82 vollendete, hatte er auf dem Gebiet der Instrumentalmusik die erste Phase eines zwar planvollen, aber in extreme Lösungen ausufernden Experimentierens hinter sich. Die D-Dur-Sinfonie ist ein Werk, in dem sich die Konsolidierung auf glückliche Weise zeigt. Mit seinem Entstehungsdatum fällt das Werk exakt in die Zeit nach Beethovens bis dahin letzten beiden Sinfonien, der Siebten und der Achten. Dennoch gehört das Werk nicht einer Gattungsgeschichte der Sinfonie «nach Beethoven» an, sondern es steht in einem dezidierten Sinne, den man nicht genug betonen kann, «neben Beethoven» und ist von dessen aktueller sinfonischer Produktion noch gänzlich unbeeindruckt. Den mit Beethovens Sinfonik erhobenen Anspruch, den spätere Komponisten wie Mendelssohn, Schumann oder Brahms geradezu als lähmend empfanden, hat der junge Schubert erkennbar nicht verspürt; alle sechs Jugendsinfonien gehen mit relativ leichter Hand an diesem Vorbild vorbei. Wie weit Schuberts Kenntnis der Beethoven-Sinfonien seit der entscheidenden Dritten, der *Eroica*, um diese Zeit überhaupt reichte, ist freilich unklar. Zum Repertoire des Konviktsorchesters können sie allein schon wegen des erforderlichen Apparats nicht gehört haben, und das bereits erwähnte Frischling-Hatwigsche Dilettantenorchester hat, ebenso wie das Konviktsorchester, nur die Beethoven-Sinfonien Nr. 1 und 2 gespielt.

Die ersten sechs Sinfonien Franz Schuberts sind erstaunlich reife, fast ausnahmslos anmutig klingende und oft geradezu anstrengungslos wirkende Jugendwerke, gleichsam im Stande der Unschuld ohne Beängstigung durch den großen in Wien lebenden Zeitgenossen komponiert und auch mit den großen Gattungsexemplaren von Haydn und Mozart nicht wirklich zu vergleichen, deren Vorbild gleichwohl anregend gewirkt haben dürfte. Das erste der sechs Werke entstand kurz vor dem Austritt aus dem Konvikt, das letzte (vollendet im Februar 1818) vor dem endgültigen Auszug aus dem Elternhaus. Der wahrscheinlichste Kontext für ihre Produktion dürfte, neben dem Konvikt, das bereits erwähnte Hatwigsche Orchester gewesen sein, das fallweise durch professionelle Spezialisten wie Holz- oder Blechbläser aufgestockt werden konnte. Die divergierenden Besetzungen der Werke scheinen dieser Fluktuation der Mitwirkenden Rechnung zu tragen. Während der dreizehnjährige Schubert in seinem allerersten, Fragment gebliebenen Sinfonie-Entwurf aus der frühen Konviktszeit (D 2B, ebenfalls in D-Dur) recht spektakulär, aber völlig unrealistisch noch vier Posaunen disponiert hatte, kommen die vollendeten Jugendwerke mit einem wesentlich kleineren Apparat aus, der erst viel später in den Werken der Reifezeit zum großen Sinfonieorchester unter Einschluss dreier Posaunen wird.

Aus dem heiteren Tonfall der gesamten Reihe sticht die vierte Sinfonie D 417 mit ihrer Tonart c-Moll und, vor allem, mit ihrem Titel auffällig hervor. Sie ist auf dem geradezu kalligraphischen, mit April 1816 datierten Titelblatt in Schuberts eigener Handschrift als «Tragische Symphonie» bezeichnet. In der Forschung hat man das, mit Blick etwa auf Beethovens in derselben Tonart stehende Fünfte, meist mit leichter Hand als jugendliche Selbstüberschätzung zur Seite gewischt. Aber mit dem Beethoven der «heroischen» Phase hat das Werk ohnehin gar nichts zu tun. Schuberts *Tragische* ist erst in jüngster Zeit zum Gegenstand einer Neuinterpretation gemacht worden, die in ihrer Kühnheit zwar etwas Spekulatives behält, aber den doppelten Vorteil hat, dass sie erstmals den Titel wirklich ernst nimmt und damit plastisch vorstellbar zu machen vermag, in welcher Weise der Komponist Franz Schubert schon in jungen Jahren, obwohl «nur» Musiker, als vollwertiges Mitglied in die intellektuellen Diskurszusammenhänge seiner Freundeskreise integriert gewesen sein könnte. Demnach ist es die unter den Freunden nachweislich intensiv diskutierte Tragödientheorie des Wiener Dramatiker-Brüderpaars Heinrich und Matthäus von Collin, zu der Schubert einen klingenden Beitrag in Form eines recht ungewöhnlichen, im Kontext seines Personalstils aber keineswegs untypischen sinfonischen Formverlaufs geliefert haben dürfte. Mannigfache Korrespondenzen im harmonischen Gefüge, etwa das für Schubert typische Spannungsverhältnis der mediantischen Tonarten c-Moll/C-Dur und As-Dur, werden über das ganze Werk hinweg auffällig konsequent entfaltet und könnten dem «Bleibenden im Wechsel» der Collin'schen Tragödientheorie entsprechen, damit also das tragische Pathos theoriegemäß in einer höheren harmonischen Ordnung aufgehen lassen und die «sittliche Kraft» des Menschen zu musikalischer Erscheinung bringen. Ein solches Verständnis des Werkgehalts setzt natürlich seine intensive Diskussion im Freundeskreis, möglicherweise aufgrund seiner Demonstration durch Schubert am Klavier und seiner Aufführung im Hatwigschen Orchester, voraus, was ohne weiteres denkbar erscheint. Mit dem schließenden C-Dur, das dem tragischen Konzept der ästhetischen Aufhebung des Pathos in Schönheit durchaus entspricht, hat das passionierte Werk in der Reprise des Finalsatzes freilich zugleich den Anschluss an den heiteren Tonfall der übrigen Jugendsinfonien wieder erreicht; man merkt ihm also, wenn man diesen Schluss angesichts des ambitiösen Titels als allzu harmlos empfinden mag, seine zeitliche Position im Werkkatalog durchaus an. Unter allen Jugendsinfonien Schuberts ist aber die *Tragische*, die fast als einziges aller Schubert'schen Orchesterwerke nicht weniger als vier Hörner verlangt, zweifellos die mit Abstand ambitionierteste Auseinandersetzung mit dem Problem sinfonischer Kohärenz – sollte diese Eigenschaft also einem literarisch-philosophischen Konzept zu verdanken sein, wäre sie damit gut erklärt.

Doch ist die ganze Serie, in deren Tonfall auch die *Tragische* in ihrem Finalsatz schließlich wieder zurückfindet, stilistisch ohnehin nicht aus einem Guss. Mit aller Vorsicht kann man sogar von einer gewissen Entwicklung sprechen, deren Ziel allerdings keineswegs linear den Durchbruch zum sinfonischen Großwerk der Beethoven-Nachfolge erreicht. Ganz im Gegenteil: Gerade das letzte Werk, die sechste Sinfonie in C-Dur D 589, die im Autograph ausdrücklich als «Große Sinfonie» tituliert ist, scheint ihren besonderen Tonfall wie ihre Struktur dem Blick auf ein Vorbild zu verdanken, das nicht nur technisch in eine völlig andere Richtung als Beethoven weist, sondern auch einem gänzlich anderen Gattungsbezirk angehört. Es ist die produktive Auseinandersetzung mit dem um diese Zeit in Wien gerade extrem erfolgreichen Gioachino Rossini, die außer in der sechsten Sinfonie auch in den beiden zeitlich unmittelbar benachbarten Ouvertüren «im italienischen Stil» D 590 und 591 hörbar wird. Doch steht hinter diesen Werken nicht einfach der durch die Wiener *Tancredi*-Aufführungen von 1816 und 1817 ausgelöste allgemeine Rossini-Taumel, sondern eine durchaus kühlen Verstandes an Rossinis Opern gemachte Beobachtung, die in der sechsten Sinfonie sehr deutlich etwa am Schluss des Kopfsatzes verwertet wird. Offenbar wird hier die Eignung der Rossini'schen Technik permanenten Fortspinnens und hektischen Übersteigerns für die Gestaltung einer längeren sinfonischen Satzphase getestet; auch im Finale derselben Sinfonie und zumal in den beiden Ouvertüren ist das wahrnehmbar. Das Rondo-Finale führt die Technik des unablässig variierenden Perpetuierens kleinster Motive, die in einen unabsehbaren Wirbel weiterer Motivfortspinnungen hineingezogen werden, geradezu kabinettstückartig vor; ausgerechnet dieses Rondo ist, angesichts des schlagend einfachen musikalischen Vervielfältigungsverfahrens immerhin bemerkenswert, mit seinen 564 Takten der längste Satz in Schuberts gesamtem sinfonischen Jugendwerk. All dem liegt also, mit voller Absicht, eine gänzlich andere Technik der Zusammenhangbildung zugrunde als die «klassische» und von Beethoven auf einen einsamen Gipfel getriebene motivisch-thematische Arbeit. Höchstens abseits der Ecksätze, im Scherzo nämlich, ließe sich ein gewisser Beethoven-Nachklang aus dessen Erster Sinfonie, also einem Werk der Vor-*Eroica*-Phase, dingfest machen.

Man kann die Idee, einen sinfonischen Satzzusammenhang mit den technischen Mitteln eines turbulenten Rossini'schen Opernfinales zu erzeugen, durchaus als clever bezeichnen, und Schubert setzt sie in seiner sechsten Sinfonie auf hohem Niveau und mit erstaunlichem Einfallsreichtum um. Doch ist es dann eine eigenartige Ironie der Geschichte, dass dem einundzwanzigjährigen Komponisten offenbar gerade nach diesem am weitesten vom Beethoven'schen Gattungsmodell sich entfernenden

Werk unabwendbar klar geworden ist, dass es vor der Sinfonik Beethovens schließlich kein Ausweichen mehr gab. Wenn der Sinfoniker Schubert nach der Reihe seiner glücklich gelungenen Jugendwerke für Jahre verstummte, so hat dies wohl direkt mit der Einsicht in die unumgängliche Notwendigkeit einer tiefgreifenden Auseinandersetzung mit dem epochalen Modell zu tun. Dass am Ende dieses langen Prozesses ein Resultat zum Vorschein kommen sollte, das nun seinerseits gattungsprägend und für viele nachfolgende Generationen von Komponisten zur Lösung ihrer sinfonischen Probleme geworden ist, kann nicht die Tatsache verdecken, dass der Weg dorthin für den um eine eigene Konzeption ringenden Komponisten eine unendlich mühselige Plackerei bedeutete.

3. Krise, Durchbruch, Selbstbestimmung

Die Beethoven-Krise

Die Jahre von 1818 bis etwa 1823 werden in der Schubert-Forschung seit einigen Jahrzehnten als «Jahre der Krise» diskutiert, an deren Ende sich eine signifikante Stilwende vollzogen haben soll. Ausdrücklich ist damit nicht Schuberts Biographie gemeint, obwohl gerade das nicht unplausibel wäre. Denn an den Rändern dieser Phase liegen biographische Zäsuren von beachtlichem existentiellen Gewicht: am Anfang (Herbst 1818) der endgültige Auszug aus dem Elternhaus und gegen Ende (1823) ein zwar nicht einwandfrei dokumentierter, aber aus Indizien zu erschließender längerer Aufenthalt im Wiener Allgemeinen Krankenhaus, wahrscheinlich zum Zweck der Auskurierung einer im Herbst 1822 eingetretenen schweren luetischen Infektion. Doch bezieht sich die Rede von «Jahren der Krise» auf Schuberts kompositorisches Schaffen und nicht auf die Biographie, die allenfalls in schwer definierbarer Beziehung in dessen Hintergrund steht. Die Dramatik des Begriffs lässt gerade darum aufhorchen, und sie ist auch gleich zu relativieren. Gestützt wird die Krisen-Diagnose auf die für diesen Zeitraum nachweisbare Fülle der Fragmente in Schuberts Werkkatalog, die von einer langen Leidensgeschichte des unsicheren Suchens und wiederholten Scheiterns zu zeugen scheinen. Doch muss gleich eingangs betont werden, dass *eine* Gattung von dieser «Krise», wenn es denn eine war, von vornherein nicht betroffen war: das Lied nämlich, das von Anfang an die souverän beherrschte Hauptgattung von Schuberts frühem Schaffen war und sein ganzes Leben hindurch den Gegenstand einer gleichmäßig kontinuierlichen Weiterentwicklung bildete. Da, von wenigen Ausnahmen abgesehen, Ähnliches auch für die anderen Gattungen der Vokalmusik gilt, ist der Befund also von vornherein scharf einzugrenzen: Eine «Krise» durchlebte Schubert keineswegs auf allen Gebieten seines Schaffens, sondern als Komponist von Instrumentalmusik. Ob angesichts dieser Partialität der flächige Begriff der «Krise» noch angemessen zu beschreiben vermag, was der reifende Komponist bei der Ausfeilung seiner instrumentalmusikalischen Konzepte an Versuchen unternahm und an Rückschlägen erlitt, wird erst nach einem näheren Blick auf die Produktion dieser Jahre zu beantworten sein.

Dass sich seit dem Sommer des Jahres 1817 auf dem Gebiet der Klaviersonate die abgebrochenen Versuche häuften, während die sechste Sinfonie im Frühjahr 1818 noch schlackenlos gelang, zeigt allein schon die Problematik einer trennscharfen Datierung der kritischen Phase in Schuberts Schaffen an. Und immerhin fällt, wenn man die in der Forschung favorisierte Datierung akzeptiert, noch in den Sommer 1819 die Komposition des geradezu lichtdurchfluteten A-Dur-Klavierquintetts D 667, das als *Forellenquintett* heute zum Kanon des Kammermusikrepertoires gehört und wohl noch keinem Hörer als Krisensymptom gegolten hat. Doch waren für Schubert trotz solcher Ausnahmen in der Instrumentalmusik die Jahre der kompositorischen Unschuld wohl in der Tat spätestens nach der glücklichen Absolvierung der Jugendsinfonien endgültig vorbei. Schon wenig später nämlich, im Mai 1818, kommt in Schuberts Werkkatalog ein wieder abgebrochener Sinfonie-Entwurf vor, der stilistisch und vom Gesamtzuschnitt her in ganz andere Regionen ausgreift als die eben noch problemlos beendete sechste Sinfonie. Und er ist nur der erste einer längeren Reihe. Was also war geschehen?

Die fast schockartig empfundene Einsicht in die Unvermeidlichkeit der Konfrontation mit Beethoven, die mutmaßlich dahintersteht, hat in Schuberts Werdegang eine lange Vorgeschichte. Durch Joseph von Spaun, der als seriöser und verlässlicher Zeuge gilt, ist ein berühmt gewordener Ausspruch des jungen Franz Schubert überliefert, der zwar nicht exakt datierbar ist, aber aus der frühen Konviktszeit stammen muss: «heimlich im stillen hoffe ich wohl selbst noch etwas aus mir machen zu können, aber wer vermag nach Beethoven noch etwas zu machen?» (Erinn., 150). Das ist, so der Zusammenhang, als Reaktion auf ein enthusiastisches Lob des zehn Jahre älteren Spaun für Schuberts erste Lieder formuliert. Daraus nun jenes kritische Selbstverständnis einer fundamentalen Problematik «nach Beethoven» zu konstruieren, wie es für Generationen späterer Komponisten mit Recht zu unterstellen ist, scheint zu diesem frühen Zeitpunkt erstens überzogen und zweitens ausgerechnet auf dem Gebiet der Liedkomposition auch gar nicht sachgerecht zu sein. Eher wohl dürfte der Stoßseufzer des ansonsten nachweislich eher selbstbewussten als kleinlauten jugendlichen Komponisten ein generelles Bewusstsein von der unbestreitbaren Bedeutung Beethovens signalisieren, wie es für jeden wachen Zeitgenossen selbstverständlich war. Von jenen Skrupeln und Selbstzweifeln jedenfalls, wie sie später etwa für Schumann und für Brahms auf ihren langen Wegen zu den anspruchsvollen Gattungen des Streichquartetts und der Sinfonie zu Protokoll gegeben wurden, sind die einschlägigen Jugendwerke Schuberts gänzlich frei.

Eben dies scheint sich 1818, mit einer gewissen Plötzlichkeit, geändert zu haben, und man kann darin ein gewachsenes Maß an Einsicht, an Problembewusstsein und damit an kreativer Reife sehen. Noch im Juni 1816 hatte der Neunzehnjährige im Tagebuch einige Beobachtungen bei der Feier des 50-jährigen Künstlerjubiläums seines Lehrers Salieri festgehalten (zu dem er, wie erwähnt, ein von ihm selbst textiertes Vokalensemble beigesteuert hatte). Bei dieser Gelegenheit wird Beethoven zwar namentlich nicht genannt, aber eindeutig als einer «unserer größten deutschen Künstler» apostrophiert, und es fällt zur Charakterisierung seiner Werke die bemerkenswerte Formulierung von der «Bizzarrerie, welche das Tragische mit dem Komischen, das Angenehme mit dem Widrigen, das Heroische mit Heulerey, das Heiligste mit dem Harlequin vereint» (Dok., 45). Schuberts Notiz gibt zwar nicht zu erkennen, ob dies seine eigene Ansicht oder eher, was wahrscheinlicher ist, die Schulmeinung seines Lehrers Salieri wiedergibt; jedenfalls aber dürfte der aus der zeitgenössischen Beethoven-Kritik ohne weiteren Kommentar übernommene Ausdruck der Bizarrerie eine Mischung aus Distanz und Faszination widerspiegeln, die man unbedingt mit dem früheren, von Spaun überlieferten Ausspruch zusammensehen muss.

Dafür, dass Schubert aber noch vor 1820, und zwar auf dem entscheidenden Kerngebiet der Sinfonik, in eine tiefgreifende Auseinandersetzung mit Beethoven eingetreten war, gibt es ein signifikantes Dokument: eine (freilich über den Beginn nicht hinausgekommene) Abschrift der Vierten Sinfonie (B-Dur, op. 60), die heute in der Wiener Stadtbibliothek verwahrt wird. Aufgrund der Handschriftmerkmale ist sie auf Ende 1819 zu datieren, und es handelt sich um die Übertragung des wie üblich nur als Stimmensatz erschienenen Werks in eine Partitur – den um diese Zeit einzigen Weg zum intensiven Studium eines großbesetzten Werks. Mindestens so bezeichnend wie die Tatsache, dass Schubert sich nun mit dem überragenden sinfonischen Vorbild befasste, ist freilich die Wahl des Werkes selbst: jener Beethoven-Sinfonie, die im späten 19. Jahrhundert im Schatten der Dritten und der Fünften stehen sollte. Dass Schubert sein Beethoven-Studium offenbar gezielt an einem Werk begann, das nie zum engsten Kern des Beethoven-Kanons gehörte, dürfte für den durchaus selbstbewussten Aspekt seiner «Jahre der Krise» symptomatisch sein.

Das Resultat dieser kritischen Phase, die man also wohl eher eine Zeit der Selbstvergewisserung und Neubesinnung nennen sollte, lässt denn auch Lösungen erkennen, die weder auf die Nachahmung des großen Vorbilds noch auf den Versuch seiner

Überbietung zu reduzieren sind, andererseits ohne eine grundlegende Auseinandersetzung mit ihm nicht denkbar wären. Die großen Instrumentalwerke aus Schuberts Spätzeit stellen – als einzige ihrer Epoche – planvoll angelegte Alternativen zu Beethovens Konzept instrumentalmusikalischer Zusammenhangbildung dar; sie verdanken sich ausnahmslos einer reflektierten Phase des Komponierens «neben», nicht «nach» Beethoven und sind von späteren Komponisten, die das zu erkennen vermochten, bei ihrer eigenen produktiven Beethoven-Rezeption dankbar als Modellkonzeptionen von nicht geringerer Bedeutung angenommen worden.

Fülle der Fragmente

Es gibt wohl keinen Komponisten von Rang, der nicht auch Fragmentarisches hinterlassen hätte: unausgeführte Entwürfe, abgebrochene Konzeptionen oder von vornherein für den Verbleib in der Werkstatt konzipierte Versuche. Auch im Gesamtwerk Schuberts verging fast kein Schaffensjahr, in dem er nicht auch Unvollendetes und Unausgeführtes hervorgebracht hätte. Aufschlussreich wird dieser Befund allerdings erst durch genauere Systematisierung; zu fragen wäre also nach der zeitlichen Streuung der Fragmente, nach ihrer Verteilung auf verschiedene Gattungen und, ganz entscheidend, nach ihrer Typologie. Unter dem weiten begrifflichen Dach des Fragments nämlich versammeln sich bloße Skizzen, abgebrochene Reinschriften, vollendete, aber nur als Entwurf notierte Werkkonzeptionen sowie ursprünglich vollständige und nur im Lauf der Überlieferung fragmentierte Manuskripte.

Dass die Menge der Fragmente (unterschiedlichsten Typs) in den Jahren vor und nach 1820 signifikant ansteigt, hat dieser Schaffensphase Schuberts, wie erinnerlich, das problematische Etikett «Jahre der Krise» beschert. Es wurde schon gesagt, dass den Löwenanteil dieser Fragmente die Instrumentalmusik ausmacht, weshalb also die Krisendiagnose – wenn man nicht ohnehin vorsichtiger von einer kreativen Besinnungsphase sprechen will – nur für dieses Teilgebiet Geltung beanspruchen kann. Aber schon eine einfache Überlegung zeigt, dass auch hier reine Statistik leicht den Blick für den wahren Sachverhalt trüben kann. Für das Jahr 1820 etwa ist der Anteil der Fragmente am Instrumentalschaffen Schuberts mit 100% zu beziffern, für das folgende Jahr 1821 ebenfalls – eine alarmierende Zahl, die den Begriff der «Krise» eindrucksvoll zu belegen scheint. Bei näherem Zusehen ergibt sich aber, dass dieser Prozentwert nur dadurch zustande kommt, dass die drei aus diesen Jahren überlieferten Werkfragmente überhaupt die einzigen dokumentierten Aktivitäten Schuberts auf dem Gebiet der Instrumentalmusik darstellen, was nun nichts anderes bedeutet, als dass diese in jener Zeit schlicht nicht im Zentrum seines Interesses stand. Vielmehr fällt in die Jahre um 1820, abgesehen von der ohnehin kontinuierlichen und niemals krisengeschüttelten Beschäftigung mit dem Lied, der erste Höhepunkt einer zeitraubenden und zum Teil durchaus erfolgreichen kompositorischen Bemühung um das Musiktheater, von der noch die Rede sein wird. Schuberts Energie war also von anderen Gattungen absorbiert.

Doch soll Schuberts schwierige Suche nach tragfähigen Formkonzepten keineswegs verharmlost werden, denn auch das zeitweilige Zurücktreten der Instrumentalmusik ist ja als solches ein bemerkenswerter Befund. Widmen wir also den wichtigsten Fragmenten aus den drei zentralen Gattungen Klaviersonate, Streichquartett und Sinfonie aus der fraglichen Phase einen näheren Blick. Unter ihnen fallen vor allem die fragmentarischen Klaviersonaten in fis-Moll D 571 (Juli 1817), in C-Dur D 613 (April 1818), in f-Moll D 625 (September 1818) und in cis-Moll D 655 (April 1819) auf. Keines dieser Werke ist als Zyklus vollständig, manchmal sind auch nur die – stets in Sonatenform konzipierten – Ecksätze vorhanden, immer aber der Kopfsatz mit der autographen Datierung des Kompositionsbeginns. All diese Kopfsätze nun sind Fragmente, also nicht bis zum Abschluss gebracht, dies aber – und das ist entscheidend – auffälligerweise alle auf identische Weise. In diesem Befund mag ein Schritt zur Lösung ihres Rätsels liegen. Denn sämtliche dieser Niederschriften brechen stets an der gleichen Stelle ab: vor dem Einsatz der Reprise nämlich, nachdem Schubert den Verlauf der

Exposition und der Durchführung lückenlos notiert hat. Gut sichtbar ist dies etwa im Vergleich mit der vollendeten H-Dur-Sonate D 575 (August 1817), für die sich ein Entwurf erhalten hat, den man heute ebenfalls zu den «Fragmenten» rechnen würde, wenn nicht ein Verleger knapp 20 Jahre nach Schuberts Tod in den Besitz einer (heute verschollenen) Reinschrift gelangt wäre. Das aber bedeutet, wenn man das typische Formkonzept Schuberts in Rechnung stellt, das sich um diese Zeit stets durch eine fast notengetreue Korrespondenz von Reprise und Exposition auszeichnet, dass die Sätze in einem eigentümlichen Sinne eben doch fertig komponiert sind. Die Niederschrift ihrer Reprise wäre für Schubert nichts als Routine gewesen, die er freilich unterlassen hat, weil diese Kompositionsmanuskripte Studien darstellen, denen aus unbekannten Gründen keine reinschriftliche Ausarbeitung wie im Fall der H-Dur-Sonate zuteil geworden ist. Symptome einer Krise sind sie damit also nicht, auch keine Dokumente eines Scheiterns oder des verzagten Abbrechens. Und auch eine romantische Ästhetik der absichtsvollen Fragmentierung kann man ihnen, obwohl selbst dies gelegentlich in die Diskussion gebracht worden ist, nicht ernsthaft unterstellen, weil das musikalisch völlig unsinnig wäre. Alle erwähnten Sonaten sind, jedenfalls im Bereich ihrer Kopfsätze, in denen jeweils die entscheidende Auseinandersetzung mit dem Modell der Sonatenform stattfindet, fertige und in ihrer Geschlossenheit ohne Mühe imaginierbare Konzeptionen (weshalb sie in späteren Zeiten auch mehrfach vollendet werden und in den Konzertsaal vordringen konnten). Am ehesten wohl dürften sie dem experimentierenden Komponisten zur Selbstverständigung gedient haben, die stets in dem Moment ihre Funktion erfüllt hatte, als der Punkt der möglichen Vollendung sichtbar wurde.

Nicht weniger aufschlussreich ist das einzige aus dieser Phase überlieferte Streichquartett, dessen Fall allerdings völlig anders gelagert ist. Es handelt sich um einen gänzlich anderen Typus des Fragments als die erwähnten Klaviersonaten: um einen veritablen Torso nämlich, der aus einem definitiv abgeschlossenen, reinschriftlich notierten Kopfsatz sowie einem in derselben Weise begonnenen, aber mitten in der Niederschrift abgebrochenen zweiten Satz besteht. Merkwürdigerweise teilt dieses c-Moll-Werk D 703 vom Dezember 1820 das Streichquartettschaffen Schuberts säuberlich in zwei weit auseinanderliegende Hälften, deren erste die ertragreiche jugendliche Produktion umfasst und bis in das Jahr 1816 reicht, deren zweite dann erst Jahre später, beginnend im Frühjahr 1824, die Reihe der drei großen Spätwerke enthält. Der c-Moll-Torso entstand damit ziemlich genau vier Jahre nach dem letzten und vier Jahre vor dem nächsten Quartett, ist also, was seine Rätselhaftigkeit noch steigert, nicht nur das einzige überlieferte Instrumentalwerk des Jahres 1820, sondern auch innerhalb von Schuberts Quartett-Œuvre ein völlig isolierter Solitär, für dessen Komposition man denn auch keinen Anlass kennt. Für das Familienquartett wie die frühen Werke, deren Produktion mit dem ersten Auszug aus dem Elternhaus endete, kann es nicht mehr bestimmt gewesen sein, und die später zu erläuternden Entstehungsbedingungen, die dann zu den letzten Quartetten führen sollten, hatten hier noch keine Gültigkeit. Hinzu kommt der unstrittige Umstand, dass mit dem Kopfsatz dieses Werks eine bemerkenswert reife Komposition von geradezu unheimlicher Ausdruckstiefe vorliegt, deren souveräne Satzbeherrschung bei beispiellos unorthodoxer Formanlage sie auch als Einzelsatz lebensfähig gemacht hat; heute gehört dieser c-Moll-Quartettsatz zusammen mit den drei letzten Quartetten zum festen Repertoire jedes anspruchsvollen Quartettensembles. Das ungewöhnliche und in dieser Radikalität in Schuberts Gesamtwerk nie mehr sich wiederholende Formexperiment des Kopfsatzes, das die Sonatenform durch Auseinanderlegung und ungewöhnliche Neukombination der thematischen und der harmonischen Strukturparameter einem extremen Belastungstest unterzieht, ist unter keinen Umständen als Symptom einer Unsicherheit oder gar einer Krise plausibel zu machen. Vielmehr liegt hier ein originell geformter Streichquartett-Kopfsatz eines seiner Sache absolut sicheren Experimentators vor – eine formale Gratwanderung freilich, die sich gerade um ihrer Originalität willen nicht zum Muster für weitere Werke erheben ließ.

Auf den wahrscheinlich bekanntesten und zugleich irritierendsten Torso in Schuberts Gesamtwerk, die h-Moll-Sinfonie D 759 mit dem populären Beinamen *Unvollendete*, führen in gerader Linie die nun noch kurz zu besprechenden Fragmente der sinfonischen Gattung zu. Zwei von ihnen, beide in D-Dur (D 615 vom Mai 1818, D 708A von Anfang 1821), sind, wie es um diese Zeit zu Schuberts Gewohnheit bei der Konzeption größerer Orchesterwerke wurde, als Verlaufsentwürfe angelegt, wobei der jeweilige Satz bis zur Stelle des Abbruchs im Zusammenhang notiert wird. Der in der Literatur häufig zu findende Begriff «Klavierskizze» ist irreführend, weil die Art der Niederschrift auf zwei Systemen mit Violin- und Bassschlüssel zwar wie eine Klaviernotation aussieht, keineswegs aber als eine solche gemeint und an vielen Stellen auch gar nicht als solche spielbar ist. Es handelt sich um eine platzsparende Particell-Notation mit vereinzelten Instrumentationsangaben, auf die in einem nächsten Arbeitsschritt die Übertragung des Entworfenen in eine große Partitur gefolgt wäre. Dazu ist es im Falle dieser beiden Sinfonie-Fragmente nicht gekommen, und anders als bei den Klaviersonaten ist der Grund dafür zumindest zu erahnen. Das erste Werk vom Mai 1818 beginnt mit einer ausladenden langsamen Einleitung, die erkennbar unter dem Eindruck von Haydns letzter Londoner Sinfonie steht, aber gleich am Anfang radikal über das Modell hinausgreift: Aus den rhythmisch punktierten Quint- und Quartsprüngen bei Haydn (D–A) wird bei Schubert ein ebenso merkwürdiger wie kühner Tritonussprung (A–Es). Und als ob das nächste Fragment (D 708A) diese Idee weiterdenken wollte, lässt Schubert in dessen D-Dur-Kopfsatz das erste Seitenthema in As-Dur beginnen. Das ist selbst in dem an extravaganten Tonartenbeziehungen mehr als überreichen Gesamtwerk Schuberts völlig singulär und könnte einer der möglichen Gründe für die schließliche Verwerfung des Konzepts sein. Mit der Tritonusbeziehung zwischen Haupt- und Seitenthema der Sonatenform gerät das auf Quint- und Terzrelationen basierende Tonartensystem völlig aus dem Lot, und Schubert, der ein solches Experiment denn auch nie wiederholt hat, dürfte eingesehen haben, dass er sich hier in einen durch den späteren Formverlauf nicht mehr ins Gleichgewicht zu bringenden Manierismus verrannt hatte. Der Satz ist nur bis zum Ende der Exposition entworfen; anders als bei den Klaviersonatenfragmenten ist Schubert also zum Entwurf einer Durchführung gar nicht erst gekommen; stattdessen findet sich der angefangene Entwurf eines weiteren Satzes. Nicht viel anders verhält es sich mit dem zweieinhalb Jahre später notierten, wiederum in D-Dur stehenden Entwurf D 708A, der allerdings – in jeweils fragmentarischer Form – alle vier Sätze des Zyklus aufweist.

Das Ringen um eine neue Konzeption der Sinfonie hat nach Ausweis dieser Entwürfe wohl tatsächlich zweimal in eine Sackgasse geführt. Ob die Bemühung um Emanzipation vom Vorbild Haydns oder der angestrengte Kraftakt, Beethovens Formdispositionen durch geradezu manieristische Verzerrungen zu überbieten, für das Scheitern dieser Versuche verantwortlich sind, ist schwer zu sagen, weil die Konzeptionen für eine solche Beurteilung nicht weit genug gediehen sind. Wenn man also in Schuberts Schaffen nach Dokumenten einer schöpferischen Krise sucht, dann liegen sie am ehesten hier, auf dem Gebiet der Sinfonie. Aber schon das nächste Sinfonie-Fragment ist dazu angetan, diese Diagnose wieder in Frage zu stellen. Denn die kurze Zeit nach dem liegengelassenen D-Dur-Entwurf begonnene E-Dur-Sinfonie D 729 (August 1821) ist in gewisser Weise ein vollendetes Werk (und war denn auch von späteren Bearbeitern, zu deren ersten der Dirigent Felix von Weingartner gehörte, mühelos fertigzustellen). Der Fragmentstatus ist also wiederum ein anderer als jener der beiden vorangegangenen Kompositionen: Es handelt sich um die Notierung aller vier Sätze in einer großen, 165 Seiten umfassenden Partitur, die sich zunächst durchgängig auf einen ersten Arbeitsgang der Eintragung der Hauptstimmen (meist nur Bass- und Melodiestimme) beschränkte und dann, in einem zweiten Arbeitsgang, bis weit in den Kopfsatz hinein zur Partiturreinschrift aufgefüllt worden ist. Am Ende der gesamten umfangreichen Partituranlage hat Schubert bereits sein übliches Schlusszeichen und das Wort «Fine» eingetragen. Er hat also die Konzeption offenbar als gültig betrachtet und ist nur aus unbekannten Gründen an der reinschriftlichen Fertigstellung gehindert worden. Mit der Kennzeichnung als «Fragment» wird man dem Werk daher keineswegs gerecht. Im Kopfsatz, der nach einer elegisch-pathetischen e-Moll-Einleitung in E-Dur beginnt – erstmals in Schuberts sinfonischem Œuvre also in einer Tonart, die der Sinfoniker Beethoven nicht benutzt hat –, experimentiert Schubert insofern mit der Sonatenform, als er eine Exposition und eine unmittelbar anschließende, ungewöhnlicherweise im terzverwandten C-Dur einsetzende Reprise disponiert, in deren Beginn zugleich einige Elemente der fehlenden Durchführung nachträglich integriert sind. Ob Schubert dieses nicht gerade unoriginelle, aber durchaus fragwürdige Konzept einer Vermeidung sinfonischen Durchführens dann bei der Partitur-Ausarbeitung doch schließlich als ein allzu wohlfeiles Ausweichen vor dem Beethoven'schen Sinfoniesatz-Modell empfunden und deshalb die Arbeit aufgegeben hat, ist schwer zu sagen. Ungefähr an dieser Stelle hört immerhin, vielleicht nicht zufällig, die reinschriftliche Ausarbeitung des Satzes auf. Jedenfalls aber wirft diese uneigentliche Durchführungsanlage (man bedenke, dass die beiden vorausgegangenen Sinfonie-Entwürfe gar nicht erst bis zu dieser Stelle gelangt waren) ein helles Licht auf Schuberts eigentliches sinfonisches Problem, für das er dann erst in der nächsten Sinfonie, der *Unvollendeten*, eine spektakuläre Lösung finden sollte.

Vollendung im Unvollendeten

Die «unvollendete» Sinfonie h-Moll D 759, deren Niederschrift am 30. Oktober 1822 – also am Beginn der vorletzten kurzen Unterkunft im Roßauer Elternhaus – begonnen worden ist, stellt unmittelbar nach dem liegengelassenen E-Dur-Werk vom August 1821 Schuberts zweiten sinfonischen Anlauf in einer Tonart dar, die in der Sinfonik Beethovens nicht vorkommt. Das dürfte kaum ein Zufall sein.

Der Kopfsatz des Werkes ist das erste sinfonische Satzmodell, in dem Schubert seine melodische und harmonische Idiomatik mit dem Anspruch der durch Beethoven endgültig ins Erhaben-

Monumentale gewendeten sinfonischen Großform auf überzeugende Weise zu vermitteln vermag. Die in ihm gefundene Lösung scheint von vorangegangenen Formexperimenten wie dem c-Moll-Quartettsatz oder dem Kopfsatz der E-Dur-Sinfonie unmittelbar zu profitieren. Das Werk beginnt mit einer aus der tiefsten Bassregion aufsteigenden Melodieformel, in der die Funktionen einer kondensierten Einleitung, eines prägnanten Hauptthemas und eines sinfonischen Mottos zu einem multifunktionalen Gebilde verschmelzen, das sich aber in Wahrheit «außerhalb» oder «vor» der Form befindet. Erst nach diesem Motto exponiert Schubert die beiden Hauptthemen der harmonisch ungewöhnlich gebauten Exposition: das erste (h-Moll) im Charakter drängender, eigentümlich elegischer Nervosität, das zweite (G-Dur) als einen weit ausschwingenden, geradezu schwelgerischen Gesang. Zwischen den beiden Expositionsthemen vermittelt lediglich ein knapper Rückungsvorgang, der aus einem einsam erklingenden Hornton den Beginn des Seitenthemas hervorzaubert und den man sehr schön einmal als eines der charakteristischen Schubert'schen «Modulationswunder» bezeichnet hat. Nicht aber mit diesen Hauptthemen, sondern mit dem formal eigentlich exterritorialen Eröffnungs-Motto wird dann im Zentrum des Satzes die zu dramatischen Eruptionen gesteigerte Durchführung gestaltet, in deren Windschatten die eher lyrischen Expositionsthemen somit gleichsam ungefährdet am sinfonischen Prozess partizipieren können. Weil an ihrer Stelle das Mottothema die Hauptlast der Durchführungsarbeit trägt, bleibt es konsequenterweise am Beginn der Reprise aus. In der präzisen Vieldeutigkeit dieses Formentwurfs liegt sein nicht geringer Reiz: Man erkennt darin sowohl die Idee des am Beginn der Reprise entfallenden Mottothemas wie im c-Moll-Quartettsatz wieder als auch das in der E-Dur-Sinfonie ausprobierte Konzept einer unmittelbar nach der Exposition in fremder Tonart einsetzenden Reprise, die aber erst nach längerer Durchführungsarbeit in den eigentlich erwartbaren Verlauf übergeht.

Der zweite Satz, in der Dur-Subdominante E-Dur, gewinnt der Technik des aus einem Einzelton herausgeschälten «Modulationswunders» mehrfach und jedes Mal auf andere Weise bezwingende Wirkungen ab: hier stets durch die einsame Melodielinie der ersten Violinen eingeleitet, so wie im Kopfsatz durch die der Hörner. Es sind dies zugleich Stellen in Schuberts Orchestersatz, an denen die Materialität des Klanges unmittelbar als kompositorische Substanz empfunden wird: Die Instrumentation ist aus einem Medium der Darstellung zur Sache selbst geworden, und zugleich lassen sich am derart disponierten Hörner- und Geigenklang Überlegungen zu der bei Schubert einsetzenden Wandlung des klassischen Sinfonieorchesters zum Klangkörper der Romantik begründen.

Warum Schubert das Werk, für das sich ein Entwurf zum dritten Satz und sogar ein paar Takte seines Reinschrift-Beginns erhalten haben, nicht vollendet hat, muss letztlich offenbleiben. Möglicherweise drängten sich einfach andere, lukrativere Arbeiten dazwischen, etwa die Komposition der *Wandererfantasie* D 760 (November 1822), für die Schubert von dem adeligen Widmungsträger großzügig entlohnt wurde. Der seltsam paradoxe Status seiner h-Moll-Sinfonie scheint dem Komponisten jedenfalls bewusst gewesen zu sein, denn diese Einsicht spiegelt sich in einer merkwürdigen Geste wider: Er verschenkte das Manuskript an seinen ehemaligen Mitschüler bei Salieri, Anselm Hüttenbrenner, der längst ins heimatliche Graz zurückgekehrt war und von dort aus dem alten Wiener Freund eine Ehrenmitgliedschaft im Steiermärkischen Musikverein vermittelt hatte. Die Übereignung als Geschenk lässt immerhin erkennen, dass Schubert das Werk keineswegs als gescheitertes Experiment verbucht haben kann. Dass er aber den in seinen fertigen Sätzen unbeschreiblich perfekten Torso aus der Hand gegeben und ihn damit dauerhaft aus seinem Gesichtskreis entfernt hat, ist dennoch nur schwer zu begreifen. Für Schubert selbst galt zu diesem Zeitpunkt jedenfalls, das lassen die physische Trennung von dem Werk ebenso wie auch spätere Äußerungen erkennen, das Ziel der großen Sinfonie noch keineswegs als erreicht. An eine Aufführung des zweisätzigen und damit tonartlich nicht geschlossenen Torsos, wie sie heute jedem Konzertpublikum völlig selbstverständlich erscheint, war damals natürlich nicht zu denken, und auch der Empfänger der Partitur, immerhin künstlerischer Direktor des Grazer Musikvereins, hat sich dementsprechend in seinem eigenen Einflussbereich passiv verhalten. Erst Jahrzehnte nach Schuberts Tod ist es gelungen, das Werk aus Hüttenbrenners Archivschrank wieder ans Licht zu holen, so dass es mit bemerkenswerter Verspätung 1865 – im Uraufführungsjahr von Richard Wagners *Tristan und Isolde* – seinen Siegeszug durch die Konzertsäle der Welt beginnen konnte.

Kurze Zeit vor der Arbeit an seiner h-Moll-Sinfonie hatte Schubert, vorübergehend wieder bei Schober wohnend, ein Stück Prosa verfasst, das gerade aufgrund seiner zeitlichen Nähe zu den großen fragmentarischen Kompositionskonzepten der frühen 1820er Jahre für einige Aufmerksamkeit gesorgt hat. Es handelt sich um eine allegorische Erzählung, die Schubert im Juli 1822 mit Bleistift notiert und anschließend mit Feder und Tinte überarbeitet hat. Ob der ersichtlich erst später und zudem merkwürdigerweise am Ende des Manuskripts angebrachte Titel *Mein Traum* autograph ist, gilt in der Forschung als umstritten. Überhaupt ist bis heute die Diskussion um die Interpretation des Dokuments nicht zur Ruhe gekommen; Einigkeit herrscht inzwischen höchstens darüber, dass man die Erzählung vom zornigen Vater, der toten Mutter, der gestorbenen Jungfrau und der endlichen Versöhnung weder als autobiographische Quelle wörtlich nehmen noch gar aus ihr ein poetisches Programm der h-Moll-Sinfonie herauslesen darf, wie es auch schon geschehen ist. Offenbar handelt es sich um eine poetische Stilübung, die sich an Vorbildern etwa von Novalis orientiert und am wahrscheinlichsten aus dem Kontext der Lese- und Diskussionsgesellschaften des Freundeskreises heraus zu verstehen ist; dies erklärt zugleich wohl auch die Existenz mehrerer Abschriften des Textes (eine davon durch Moritz von Schwind). Auf jeden Fall erinnert der *Traum* daran, dass Schubert, gefördert durch die Interessenvielfalt seiner Freunde, ein wacher Beobachter nicht nur seiner musikalischen, sondern auch seiner literarischen Umgebung war.

Die h-Moll-Sinfonie ist nicht das letzte, aber wohl das berühmteste Schubert'sche Kompositionsfragment. Mindestens einer Erwähnung wert ist neben und nach ihm aber noch die unvollendete große Klaviersonate in C-Dur D 840, die seit ihrer posthumen Erstveröffentlichung im mittleren 19. Jahrhundert unter dem apokryphen Namen *Reliquie* bekannt geworden ist. Genau wie die h-Moll-Sinfonie weist sie zwei vollendete und formal überaus experimentelle, aber stilistisch souveräne Sätze auf, denen im Manuskript dann noch die jeweils abgebrochenen Sätze 3 und 4 folgen. Sie ist das völlig ebenbürtige, nur aus unbekannten Gründen nicht zu Ende geführte Schwesterwerk der gleichzeitig entstandenen großen Klaviersonate in a-Moll D 845, die mit der Opuszahl 42 als Schuberts erste von ihm als gültig eingestufte Klaviersonate in den Druck gelangte. Beide Werke stammen aus dem Frühjahr 1825, und mindestens bis zu diesem Zeitpunkt erstreckt sich also das Vorkommen bedeutender, aber Fragment oder Torso gebliebener Großformen in Schuberts Werkkatalog.

Insgesamt lässt sich die vielbeschworene Stilwende als Ergebnis der «Krisenjahre» nicht als präzise Zäsur bestimmen, und schon gar nicht findet sie in allen Gattungen gleichzeitig und mit derselben Geschwindigkeit statt. Werke wie der Quartettsatz D 703 (1820), die Novalis-Lieder (1819/1820), das noch zu erörternde Vokalwerk *Lazarus* (1820), die h-Moll-Sinfonie (1822), die *Wandererfantasie* (1822), die Opern *Alfonso und Estrella* (1821/1822) und *Fierabras* (1823) sowie der Liederzyklus *Die schöne Müllerin* (1823) – um nur die bekanntesten zu nennen – haben die Idiomatik der Jugendwerke bereits weit hinter sich gelassen, verteilen sich aber über so viele Gattungen und über einen so weiten Zeitraum, dass wie schon der Eintritt so auch das Ende der «kritischen» Phase bei näherem Zusehen zu verschwimmen scheint. Wenn es wirklich einen Zeitpunkt der planvollen Neuorientierung zu bestimmen gilt, dann dürfte er erst später, im Frühjahr 1824, zu finden sein – mit der abermaligen und nun ungleich systematischer angegangenen Konzentration auf die großen Formen der Instrumentalmusik. Dazu bedurfte es aber der vorgängigen, ebenso langwierigen wie leidenschaftlichen Auseinandersetzung mit dem Musiktheater, der ersten glanzvollen Erfolge in diesem Metier und, am Ende, der Desillusionierung beim Scheitern aller hochfliegenden Opernpläne.

4. Unglückliche Liebe: das Musiktheater

Vom Singspiel zur «heroisch-romantischen Oper»

Schuberts Liebe zum Musiktheater scheint früh erwacht zu sein. Als Konviktszögling hatte er jeweils in den Ferien die Gelegenheit zum Opernbesuch in Begleitung Joseph von Spauns, des schon erwachsenen Ehemaligen, dessen Mentorenfunktion für den jungen Schubert sich damit auch hier erweist. Nach Spauns Erinnerungen waren die ersten Opern, die Schubert kennenlernte, das in ganz Europa zu höchster Popularität gelangende Singspiel *Die Schweizer Familie* des Hofkapellmeisters Joseph Weigl (im Repertoire seit 1809), ferner dessen *Waisenhaus* (seit 1808) und schließlich Christoph Willibald Glucks *Iphigenie auf Tauris*. In allen drei Werken rissen ihn die Sänger der Hauptpartien zu tiefster Bewunderung hin, die sich sein Leben lang ungebrochen erhalten hat: die Sopranistin Anna Milder (1785–1838) und der schon erwähnte Tenorbariton Johann Michael Vogl (1768–1840), und beide sollten in seiner Künstlerbiographie noch entscheidende Rollen spielen. Schon recht früh muss Schubert ein breites Repertoire an Opern, von Mozarts *Zauberflöte* über Spontinis *Vestalin* bis zu Cherubinis *Medea*, gekannt haben. Dass er die in der Konviktszeit liebgewonnene Gewohnheit des Opernbesuchs auch später beibehielt, ist, wie für den gesamten Freundeskreis, als sicher vorauszusetzen. Sie dehnte sich sogar rasch vom Besuch der Hofoper im Kärntnertortheater auf das Gebiet der Vorstadttheater in der Leopoldstadt und Auf der Wieden (Theater an der Wien) aus, wo sich das Gattungsspektrum noch um die sogenannte Wiener Volkskomödie erweiterte.

In Schuberts Œuvre bilden die Bühnenwerke einen erheblichen Teilbereich; unter rein quantitativen Gesichtspunkten füllen die einschlägigen Niederschriften sogar fast 40% des Gesamtumfangs seiner autographen Hinterlassenschaft. Und doch gehört dieser riesige Subkontinent bis heute zum unbekanntesten Ausschnitt seines Gesamtwerks überhaupt. Er umfasst die erstaunliche Zahl von nicht weniger als elf vollendeten Werken, denen weitere sieben nicht abgeschlossene an die Seite zu stellen sind. Die meisten von ihnen gehören dem Frühwerk an, so etwa das noch in der Konviktszeit begonnene Fragment *Der Spiegelritter* D 11 (1811) und die in zwei Fassungen vorliegende Zauberoper *Des Teufels Lustschloß* D 84 (1813 und 1814), beide nach Textvorlagen des damals berühmten Theaterschriftstellers August von Kotzebue. Dazu kommen, in unfassbar rascher Folge innerhalb desselben produktiven Jahrs entstanden, mehrere Singspiele wie *Der vierjährige Posten* D 190 (Mai 1815) nach einer Vorlage des jungen Freiheitsdichters Theodor Körner, *Fernando* D 220 (Juli 1815) nach dem Libretto des Freundes Albert Stadler oder die fragmentarisch überlieferte Goethe-Vertonung *Claudine von Villa Bella* D 239 (Ende Juli 1815) und schließlich *Die Freunde von Salamanca* D 326 (Ende 1815) nach dem Libretto von Johann Mayrhofer. Neben diese teils aus dem Freundeskreis stammenden Textvorlagen traten später anspruchsvollere Sujets, die aber alle Fragment geblieben sind, wie die von Schillers gleichnamiger Ballade inspirierte *Bürgschaft* D 435 (1816), die lyrische Tragödie *Adrast* D 137 (1819/1820 entstanden, ebenfalls von Mayrhofer) oder schließlich die auf einem indischen Sujet basierende *Sacontala* D 701 (Herbst 1820) nach Johann Philipp Neumann.

Schubert hat, wie erwähnt, früh und relativ ausdauernd Kompositionsunterricht beim Hofkapellmeister Antonio Salieri genossen, der schon vor 1800 die italienischen Gattungstraditionen zum Gegenstand bemerkenswerter kompositorischer Experimente gemacht hatte. So finden sich denn auch in Schuberts Werkkatalog einige italienische Vokalkompositionen, die davon sicherlich profitiert haben. Im Umgang mit deutschsprachigen Texten hingegen ist eine systematische Unterweisung durch Salieri wohl kaum erfolgt, obwohl es den Anschein hat, dass Schubert seine frühe Zauberoper *Des Teufels Lustschloß* D 84 mit Salieri durchgegangen ist und daraus die Anregung für eine zweite Fassung empfing. Es fragt sich freilich auch, ob der junge Schubert, der in seinem Liedschaffen durch die Vertonungen von Gedichten Klopstocks, Höltys, Schillers und Goethes bereits mit den kompliziertesten Problemen deutscher Prosodie und Deklamation umgegangen war, eine solche Hilfe überhaupt nötig hatte; eher dürfte sich diese auf generelle Fragen der Dramaturgie bezogen haben. Es ist daher anzunehmen, dass Schubert genau wie auf dem Gebiet der Liedkomposition und der Instrumentalmusik primär der eigenen Anschauung gefolgt ist. Auch für die Bühnenwerke gilt demnach das Prinzip der anfänglichen Orientierung an Vorbildern.

An möglichen Modellen bot das Wiener Musiktheater ein Anschauungsspektrum, das in seiner Breite so verlockend wie verwirrend war. Bis heute stellt die gattungstypologische Vielfalt der Wiener Oper um 1800 eine immense musikhistoriographische Herausforderung dar, und ein ähnliches Gefühl der produktiven Irritation darf man wohl auch dem wachen Beobachtungsgeist des zeitgenössischen jugendlichen Theaterbesuchers unterstellen. Von Mozarts erst später kanonisiertem und überaus diversifiziertem Opern-Œuvre über die Konzeption der Gluck'schen Reformoper und die experimentellen Modelle des eigenen Lehrers Salieri bis hin zu den französischen Revolutionsopern und dem bewunderten Gattungshybriden von Beethovens *Fidelio* reichte das Angebot, dem die Erfahrung mit der von Rossini nachhaltig umgedeuteten italienischen Gattungstradition bis hin zum Sing- und Zauberspiel des Vorstadttheater-Milieus zur Seite trat. Dass in Wien zudem, wie um diese Zeit generell üblich, kaum ein Werk des Sprechtheaters ohne aufwändige Schauspielmusik über die Bühne ging, darf nicht vergessen werden.

Bei einem jungen Komponisten, der sich bereits in seinen Anfängen als Universalist in allen Gattungen verstanden hat, verwundert auf den ersten Blick auch die frühe kompositorische Aneignung der Oper nicht. In rein musikalischer Hinsicht dürfte Schubert hier in der Tat auch wenig Hindernisse gesehen haben. Anders aber als auf allen anderen Gebieten seines Schaffens war die Eroberung der Bühne gar nicht eigentlich ein Problem der Musik. Vielmehr musste sich Schubert hier auf ein institutionelles Feld begeben, in dem die vertrauten Wegmarken so gut wie keine Gültigkeit besaßen. Damit verliert dann doch der Umstand eines so frühen Einstiegs in die Opernkomposition ein wenig an Selbstverständlichkeit.

Die Oper war im Wien der Schubert-Zeit ein geradezu monströser Sonderbereich, gegenüber der Instrumentalmusik oder dem geselligen Gesang nachgerade eine Welt für sich, die eigenen Gesetzmäßigkeiten gehorchte und für einen Anfänger nur schwer zugänglich war. Ihr Aufwand entzog sie von vornherein den für Wien sonst typischen Organisationsmechanismen bürgerlicher Geselligkeit, und das in ihren Unterhalt zu investierende Geld erforderte komplizierte Wege der Patronage oder der unternehmerischen Aktivität. Der Hof hatte sich schon längst aus der Verantwortung für sie zurückgezogen, durch die noch 1782, am Beginn der Alleinregentschaft Josephs II., Mozarts epochemachende *Entführung aus dem Serail* im Kontext einer deutschen Nationaltheater-Idee ermöglicht worden war. Die beiden Hoftheater – Burg- und Kärntnertortheater – wurden nach 1807 einem immer wieder wechselnden System der Verwaltung durch Adelskonsortien und schließlich endgültig der kommerziellen Verpachtung an Einzelunternehmer übergeben. Das gewährleistete zwar einen relativ kontinuierlichen Spielbetrieb, aber keinerlei administrative Stabilität. Dem standen die privaten Vorstadttheater gegenüber – das Theater an der Wien und die beiden Theater in der Leopold- und in der Josephstadt –, die aber gegen konjunkturelle Schwankungen kaum besser gesichert waren.

Das System des Wiener Theater- und Opernbetriebs war also für einen Außenseiter nur schwer zu durchschauen und noch schwerer zu berechnen. Es ist daher auch nicht klar, ob Schuberts gelegentliche, brieflich belegte Klagen über angebliche Intrigen gegen seine Opern auf einer realistischen Wahrnehmung der Situation und nicht auf reinem Verdacht beruhen. Selbst für Beethoven war die Situation schwierig, und beherrscht hat auch er dieses Terrain nie. Dass es Schubert überhaupt gelang, schon früh in den Betrieb hineinzukommen, muss also als bemerkenswert gelten, weil hier das Netzwerk aus Freundschaften und Geselligkeit an die Grenzen seiner Möglichkeit geriet. Dass er freilich auf die lange Sicht dann doch nicht sehr erfolgreich war, darf ebenso wenig überraschen, denn damit war er keineswegs ein Einzelfall. Es sollte sich nämlich zeigen, dass die Perspektiven, die sich ihm vorübergehend weit zu öffnen schienen, schließlich doch identisch waren mit den Einflussgrenzen seines Freundes-Netzwerks.

Über den Kontext für die frühesten Kompositionsversuche lassen sich höchstens Vermutungen anstellen. Ob etwa ein Singspiel wie *Der Spiegelritter*, wäre es vollendet worden, im Konvikt oder im Freundeskreis hätte aufgeführt werden können, bleibt fraglich, und für die an Knalleffekten einer spektakulären Bühnenmaschinerie geradezu überbordende Zauberoper *Des Teufels Lustschloß* scheidet diese Möglichkeit von vornherein aus. Sollten diese ersten Versuche hingegen als reine Fingerübungen entstanden sein, um sich des Metiers zu vergewissern, stechen sie aus Schuberts Arbeitsgewohnheiten auffällig heraus, für die das zweckfreie Komponieren für die Schublade oder für eine verständnisbereitere Nachwelt nie eine ernsthafte Option war. Das gleiche gilt auch noch für die um 1815 herum entstandenen Singspiele auf Texte aus dem Freundeskreis. Ob es für sie je eine realistische Aufführungsmöglichkeit gegeben hat, lässt sich nicht erkennen.

Allerdings war die Tatsache eines mittlerweile angehäuften musikdramatischen Werkes für den jungen Komponisten nicht ganz nutzlos, als nämlich dessen Existenz sich über den Freundeszirkel hinaus in maßgeblichen Kreisen herumzusprechen begann. So hat es, mit großer Wirkung auf die Stilhöhe und das Niveau von Schuberts Opernkomposition, eine wichtige Zäsur bedeutet, dass er erstmals im Alter von 22 Jahren mit einem mehr oder weniger offiziellen Auftrag der Hofoper versehen wurde und sein einaktiges Singspiel *Die Zwillingsbrüder* D 647 (Januar 1819, Libretto: Georg von Hofmann) im Juni 1820 mit mehreren Wiederholungen bis zum Ende der Saison auf der Bühne des Kärntnertortheaters erschien – ein Auftrag, den bezeichnenderweise der einflussreiche Johann Michael Vogl vermittelt hatte, weil er sich von Schubert die titelgebende Doppelrolle geradezu auf den Leib schneidern lassen konnte. Ein kleiner Folgeauftrag – zwei Einlagenummern (D 723) für die

Wiener Aufführung von Hérolds *Zauberglöckchen* im Sommer 1821 – beweist immerhin, dass der junge Komponist der *Zwillingsbrüder* nun von der Hofoperndirektion weiterhin wahrgenommen wurde. Letztlich hat also auch hier das schon beschriebene soziale Netzwerk den Ausschlag gegeben. Auch Schuberts Musik zu dem Melodram *Die Zauberharfe* D 644, das im August 1820 über die Bühne des Theaters an der Wien ging, wurde direkt durch einen Freund vermittelt: Leopold Sonnleithner hatte den Komponisten, als er um Rat für die Vertonung des Textes gefragt wurde, dem mit ihm befreundeten Dekorateur des Theaters empfohlen, der damit die ihm jährlich zustehende Benefizvorstellung bestritt.

So verhielt es sich schließlich auch mit dem letzten nachweisbaren großen Auftrag durch das Kärntnertortheater: Die «heroisch-romantische» Oper *Fierabras* D 796 wurde wohl spätestens Ende 1822 durch den neuen Theaterpächter Domenico Barbaja oder durch dessen Programmkomitee in Auftrag gegeben; vermittelt aber hat diesen Auftrag sicherlich der für den Text des Werkes verantwortliche Bruder von Schuberts Maler-Freund Leopold Kupelwieser, der damalige «Theatersekretär» – heute würde man vielleicht sagen: Chefdramaturg – Joseph Kupelwieser. Also auch hier, für den endlich erlangten großen Hofopernauftrag, war das Wirken des Freundes-Netzwerks ausschlaggebend. Unmittelbar vorangegangen war diesem Erfolg noch die gänzlich unprotegierte, folgerichtig auch vergebliche Einreichung von *Alfonso und Estrella* D 732, einer «große[n] romantische[n] Oper [...] in 3 Ackten mit Rezitativen», für die Saison 1822/1823. Der aus Mailand stammende und zunächst als Opernunternehmer in Neapel erfolgreich gewesene Domenico Barbaja (1778–1841) hatte im Dezember 1821 gleichzeitig die Leitung des Kärntnertortheaters und des Theaters an der Wien übernommen und verfolgte von Anfang an die Strategie, die deutsche und die italienische Oper parallel, gleichsam in produktiver Konkurrenz zueinander, zu programmieren. Erste Wiener Erfolge erzielte er denn auch gleich mit einer Rossini-Serie (der zweiten nach Rossinis Wiener Debüt 1816/1817) und mit Webers *Freischütz* – dies vor allem war wohl der Auslöser für Schuberts Bewerbung mit *Alfonso und Estrella*, die in seinem Gesamtwerk den qualitativen Sprung vom schlichten Singspiel zur großen Oper markiert.

Zwei kleinere Bühnenwerke im Jahre 1820 also am Kärntnertor und an der Wien, eine weitere, nun sogar außerordentlich prominente und in der Wiener Presse mehrfach erwartungsvoll erwähnte Aussicht auf eine große Oper für das Kärntnertortheater: Es sah so aus, als stünde 1823 der endgültige Durchbruch des Opernkomponisten Schubert kurz bevor, was Freunde in unterstützenden Zeitungsartikeln auch zu betreiben versuchten. Und doch hat er ihn schließlich knapp verfehlt, denn er war im Betrieb gerade noch nicht weit genug gekommen, um sich von selbst dort halten zu können: Kaum nämlich fiel die Logistik der freundschaftlichen Unterstützung unter unglücklichen Umständen fort, war es mit Schuberts Verankerung in der Wiener Theaterlandschaft dauerhaft vorbei.

Bühnenerfolge und gescheiterte Hoffnungen

Das Attribut des «Heroischen» wie des «Romantischen» tragen die beiden groß geplanten Werke, das abgelehnte und das offiziell bestellte, gleichermaßen im Untertitel. Für *Alfonso und Estrella* D 732 ist diese Gattungsbezeichnung durch den Werkkatalog in Leopold Sonnleithners Schubert-Nekrolog, für *Fierabras* D 796 durch das der Zensurbehörde vorgelegte Libretto-Exemplar bezeugt. Dass der Komponist damit freilich keineswegs die Absicht einer typologischen Definition verbunden haben kann, zeigt sich schon an der formalen Verschiedenheit beider Werke, in denen auf je unterschiedliche Weise französische, italienische und deutsche Gattungsmerkmale zu ganz eigenen Konzeptionen verschmelzen. Wahrscheinlich bezieht sich die Charakteristik wohl auf das in beiden Fällen im höfischen Milieu des Mittelalters angesiedelte Sujet, in dem sich ritterliche Abenteuer mit Kampf und Liebe mischen und für das jeweils diverse belletristische Vorlagen auszumachen sind. Ritterromantik war die große literarische Mode der Zeit. Beide Textbücher stammen von Freunden Schuberts (Schober und Kupelwieser), aber nur im zweiten Fall verfügte der Autor tatsächlich über die nötigen Beziehungen, um dem Werk auch wirklich auf die Bühne zu verhelfen.

Trotz seiner Ambition auf die «große» Oper verfolgt Schubert mit *Alfonso und Estrella* noch eher einen Mittelweg zwischen der sentimentalen Idylle des Singspiels und dem Handlungsmuster der heroischen Ritteroper; damit zeigt das Werk die Erweiterung von Schuberts Opernästhetik als mühsam erarbeiteten Wandel auf. Dieser Mittelweg erweist sich durchaus als Schwäche des dramaturgischen Konzepts, und dafür ist angesichts der engen Zusammenarbeit nicht der Librettist allein verantwortlich zu machen. Denn diese erste große Oper Schuberts, deren Textbuch sein naher Freund Franz von Schober schrieb, stellt das Resultat einer echten Künstler-Kooperation dar, für die sich Komponist und Textdichter zeitweilig sogar in eine Arbeitsklausur nach Sankt Pölten zurückgezogen haben. Die eigentliche Komposition erstreckte sich, mit jeweils nur knappem Vorlauf der fast gleichzeitig entstehenden Textdichtung, über den Zeitraum von September 1821 bis Februar 1822, und sie ist, so erinnerte sich Schober Jahrzehnte später, «in sehr glücklicher Schwärmerei, aber in sehr großer Unschuld des Herzens und des Geistes» – das heißt also: praktisch ohne jede Erfahrung in diesem Metier – konzipiert worden (Erinn., 485). In formaler Hinsicht allerdings weist das Werk eine bemerkenswerte Innovation auf: Es ist, für eine deutschsprachige Oper dieser Zeit noch immer vergleichsweise ungewöhnlich, frei von den beim Singspiel üblichen gesprochenen Dialogen, und die an ihre Stelle tretenden rezitativischen Partien sind, anders als in der italienischen Oper, auch keine lediglich vom Generalbass begleiteten Secco-Rezitative, sondern aufwändig orchestral auskomponierte Accompagnati. Damit steht Schuberts Werk, wenngleich von der Öffentlichkeit unbemerkt geblieben, konzeptionell auf derselben ambitionierten Linie der «durchkomponierten» deutschen Oper, die erst kurze Zeit danach mit Louis Spohrs *Jessonda* oder Carl Maria von Webers *Euryanthe* ihre ersten über einen längeren Zeitraum erfolgreichen Gattungsexemplare hervorgebracht hat.

Was bei der Ablehnung des ohnehin ja nicht bestellten Werks durch das Kärntnertortheater den Ausschlag gegeben haben mag, hängt von der – nachträglich schwer einschätzbaren – Intensität der Prüfung ab. Gewisse dramaturgische Schwächen des Werks sind tatsächlich nicht von der Hand zu weisen. Erstens wird das handlungsauslösende Konfliktpotential, der Treuebruch des Feldherrn Adolfo, im Verlauf des Werkes viel zu spät exponiert; vorher geht es in unzuträglicher Ausführlichkeit um die Entfaltung der eigenartigen, aber keineswegs schwierigen Vater-Sohn-Beziehung zwischen dem spanischen König Froila und der Titelfigur Alfonso. Dadurch wird, zweitens, der Protagonist von vornherein zum eher lyrisch veranlagten Anti-Helden, dem man seine spätere Bezwingung des aufständischen Adolfo nicht recht abnehmen mag. Und seine Liebe zu der im Wald verirrten Prinzessin Estrella aus dem Nachbarkönigreich stößt, drittens, auf keinen Widerstand, sondern verläuft eher nach dem unaufgeregten Handlungsmuster der Schäferidylle. Ob Schober mit all diesen Episierungen und Lyrismen sein Textbuch bewusst auf den Freund zugeschnitten hat, den er ja vor allem als Liedkomponisten kannte und schätzte, steht dahin. Immerhin gibt es mindestens eine wichtige Stelle der dreiaktigen Oper, an der genau dies eindeutig der Fall zu sein scheint: Am Beginn des zweiten Akts, also im Zentrum des umfangreichen Werks, erbittet Alfonso von seinem Vater den Vortrag seines Lieblingslieds, das denn auch als *Lied vom Wolkenmädchen* – in delikatester Instrumentation unter Einschluss einer Harfe – in der somit völlig handlungslosen Expositionsphase des Akts erklingt. Schubert demonstriert hier seine überwältigende Kunst der Liedvertonung sogar im Gewand des Orchesterlieds, aber als handlungstreibendes Moment ist die insgesamt fast zehn Minuten in Anspruch nehmende lyrische Szene schlicht verfehlt. Es ist gleichermaßen bezeichnend für die von Schubert selbst gesehene Qualität der Musik wie für ihre Deplaciertheit in einem Drama, dass acht Takte dieses Gesangs Jahre später ihren angemessenen Ort dann doch noch in der *Winterreise*, also einem Liederzyklus, gefunden haben (im Lied *Täuschung*). Auch wenn es in der Oper, vor allem um den Putschversuch

Adolfos herum und bei den anschließenden Kampfaktionen, hinreißend dramatische Ensemblesätze gibt, so wirken diese letztlich doch wie allzu weit voneinander entfernte Inseln in einem Gesamtgefüge, das man insgesamt weit eher episch-lyrisch als wirklich dramatisch nennen kann.

All das ist nun allerdings mit einer Fülle schönster Musik versehen, der man die unmittelbare Vorläuferschaft zur «unvollendeten» h-Moll-Sinfonie oder zur *Wandererfantasie* anhört; und mit der Tatsache, dass sie angesichts der bis heute nur zögerlichen Bühnenpräsenz des Werks für die Öffentlichkeit verloren sein soll, kann man sich nur schwer abfinden. Es lohnt sich daher zu überlegen, ob der tiefe Lyrismus des Werks und seine eher ins Epische weisende Breite nicht eine signifikante Eigenschaft von Schuberts Reifestil darstellen, der man, statt die dramaturgische Schwäche anzukreiden, eher die Projektierung eines neuen, episch-lyrischen Opernkonzepts zugestehen sollte. Doch sosehr in der Tat, wie noch zu zeigen sein wird, statisch-kontemplative Flächigkeit, meditative Versenkung und auskomponierte Zeitlosigkeit später unablösbar zur Idiomatik von Schuberts reifem Instrumentalstil gehören sollten, so wenig sind doch diese Eigenschaften geeignet, auf der Bühne zu einem tragfähigen dramaturgischen Konzept zu führen. Mit dem Werk, dessen Ablehnung Schubert kränkte, hat er denn auch anderswo kein Glück gehabt. Schon der Theater-Routinier Johann Michael Vogl, der sich ohnehin kurz zuvor von seiner aktiven Bühnenlaufbahn zurückgezogen hatte, vermochte sich dafür nicht zu erwärmen und auch nicht die bewunderte Sopranistin Anna Milder, die inzwischen ein Engagement in Berlin hatte und sich sogar eine Abschrift zur Ansicht hatte kommen lassen. Ein später Versuch Schuberts, das von ihm nicht ohne Grund geschätzte Werk in seinem letzten Lebensjahr in Graz unterzubringen, scheiterte ebenfalls. Erst 1854 hat Franz Liszt in seiner Weimarer Kapellmeisterzeit die Oper, etwas gekürzt und geschichtlich folgenlos, zur Uraufführung gebracht; freilich hatte der Textdichter Franz von Schober einige Jahre zuvor gleichsam als Liszts Reisebegleiter und Privatsekretär fungiert und war noch zu dieser Zeit in Weimar präsent.

Doch bleibt die historisch vergleichsweise früh zu lokalisierende Tatsache der Durchkomposition ein Faszinosum des Werks. Immerhin hatte Schubert kurz zuvor mit dieser Technik erste Erfahrungen an einer Auftragsarbeit gemacht, die zur eigentlich epischen Gattung des Oratoriums gehört und doch ungleich dramatischer ist als die Oper *Alfonso und Estrella*. Das unvollendete mehrteilige Werk mit dem Titel *Lazarus, oder: Die Feier der Auferstehung* D 689 (Kompositionsbeginn im Februar 1820) hat vom Komponisten keinen Gattungstitel erhalten; musikalisch streift es die Bereiche der Oper, der Kantate und des Oratoriums. Komponiert wurde dieser eigentümliche Gattungshybrid, im katholischen Wien der Restaurationszeit auf den ersten Blick sehr ungewöhnlich, nach einer bereits mehr als 40 Jahre alten Textvorlage des protestantisch-pietistischen Hallenser Theologen August Hermann Niemeyer (1754–1828). Seine ausdrücklich als «Handlungen» bezeichneten drei Teile oder Akte, von denen Schubert nur zwei in Musik gesetzt hat, umfassen die neutestamentliche Erzählung vom Sterben und Auferstehen des Lazarus, die durch Beigesellung einer ganzen Gruppe teilnahmsvoller Freunde eine unerwartete Dramatik gewinnt. Auch hier ist die Musik in einem Zuge mit fließenden Übergängen zwischen Rezitativen, Ariosi und Arien durchkomponiert – insgesamt aber sehr viel konziser als in der späteren Oper. Den letzten Akt hat Schubert mit Sicherheit nicht komponiert, und vom Schluss des zweiten sind einige Manuskriptseiten verlorengegangen. Der Torso passt damit natürlich auf den ersten Blick gut in das fragwürdige Konzept der «Krisenjahre», aber sein fragmentarischer Status hat inzwischen eine andere, sehr pragmatische Erklärung gefunden, die zwar nur auf einer Kette von Indizienbeweisen beruht, aber gleich mehrere Rätsel auf einmal löst: den Zeitpunkt, den Kompositionsabbruch und die ungewöhnliche Textvorlage. Demnach könnte es die geplante Gründung einer protestantisch-theologischen Fakultät an der Wiener Universität gewesen sein, für deren auf das Frühjahr 1820 festgesetzte feierliche Einweihung Schubert mit dieser Komposition beauftragt worden ist. Die neue Fakultät war unabdingbar nötig geworden, weil die seit dem josephinischen Toleranzpatent geduldeten Protestanten ihren Pastorennachwuchs bis dahin nur durch ein Auslandsstudium generieren konnten, das nun aber unter Metternichs Kanzlerschaft zum «Schutz» der österreichischen Jugend vor revolutionärem Gedankengut streng verboten war (ein Verbot, über das sich übrigens Schuberts Freund Franz Bruchmann heimlich hinwegsetzte, um in Erlangen bei Schelling zu studieren). Bevor noch Schuberts Komposition vollendet war, wurde die Einweihung der neuen Fakultät jedoch um ein Jahr verschoben und – das erklärt den Abbruch der Komposition – aus dem musikalisch aufwändig geplanten Festakt in eine schlichte Feier transformiert. Fast ließe sich nun sagen, dass die oratorische Kantate *Lazarus*, wäre das Werk vollendet worden, genau das erreicht hätte, was die Oper *Alfonso und Estrella* auf hohem musikalischen Niveau verfehlt. Möglicherweise stand die vielversprechende Dramaturgie der dialogfreien Durchkomposition sogar schon hinter dem unvollendet gebliebenen *Adrast* nach einem Libretto des Freundes Johann Mayrhofer (D 137, 1819/1820), was allerdings aufgrund des allzu fragmentarischen Zustands und des Textverlusts kaum abschließend zu beurteilen ist.

Während im Kärntnertortheater der im Oktober 1823 vollendete *Fierabras* noch auf seine Produktion wartete, hatte Schubert einen weiteren Achtungserfolg auf der Bühne des Theaters an der Wien – zwar nicht mit einer Oper, aber mit einer Schauspielmusik zu dem romantischen Drama *Rosamunde, Fürstin von Zypern* der damals vor allem als Librettistin von Webers *Euryanthe* geschätzten Helmina von Chézy, der Schubert die Rechte an seiner Musik für 100 Gulden C. M. überließ. Das Stück ging kurz vor Weihnachten 1823 über die Bühne und wurde einmal wiederholt. Schuberts *Rosamunde*-Musik D 797, die aus drei Chören, drei Zwischenaktmusiken, zwei Ballettmusiken, *Hirtenmelodien* und einer *Romanze* besteht, hat das bald wieder vergessene Drama überlebt und gehört, in einigen Teilen wenigstens, bis heute zu seinen beliebtesten Werken. Um die Ouvertüre hat es im Laufe der Geschichte einige Verwirrung gegeben: Für die Uraufführung griff Schubert einfach auf die Ouvertüre zu *Alfonso und Estrella* zurück (weshalb die Oper in der Alten Gesamtausgabe auch ohne sie erschien); in späteren Zeiten übernahm man für die *Rosamunde*-Musik die eigentlich für die *Zauberharfe* D 644 gedachte Ouvertüre, weil diese in einem zeitgenössischen Arrangement (durch Joseph Hüttenbrenner) neben dem Hinweis auf die Zugehörigkeit zur *Zauberharfe* auch einen Hinweis auf *Rosamunde* enthält.

Dass Schubert direkt vor dem *Fierabras* eine weitere – allerdings kleine – Oper, das einaktige Singspiel *Die Verschwornen* D 787 nach einem gerade erst im Druck erschienenen Libretto des Hoftheaterdichters Ignaz Franz Castelli (1781–1862), komponierte, geht nach dem Zeugnis Joseph Hüttenbrenners offenbar ebenfalls auf einen Auftrag der Hofoper zurück. Allerdings wurde es dort nicht aufgeführt, und die Möglichkeit, es woanders im deutschen Sprachraum unterzubringen, entfiel für Schubert, nachdem Castellis Libretto fast zeitgleich durch den Berliner Komponisten Georg Abraham Schneider (1770–1839) vertont und an den dortigen Königlichen Bühnen aufgeführt worden war. Der Titel *Die Verschwornen* betont den aus der *Lysistrata* des Aristophanes bekannten pazifistischen Liebesboykott der Frauen gegen ihre kriegslüsternen Männer als Hauptelement einer eigentlich recht harmlosen Handlung. Um so bezeichnender für das Wiener Klima der Epoche ist die Tatsache, dass dieser Titel höheren Orts offenbar so subversive Assoziationen weckte, dass er auf Verlangen der Zensurbehörde in die – nun typisch biedermeierliche – Überschrift *Der häusliche Krieg* geändert werden musste.

Die Genehmigung durch die Zensur musste routinegemäß auch für das *Fierabras*-Libretto eingeholt werden; sie erfolgte im Juli 1823, als sich Schubert schon mitten in der Komposition befand. Diese Oper nun ist Schuberts mit Abstand ehrgeizigstes Bühnenprojekt, in dem alles auf Heroismus, Mittelalter-Romantik und Größe zielt: Die Handlung spielt am Hof des Frankenkönigs Karl, und ihre Dramatik zehrt vom Zeitalter der Kämpfe zwischen Christen und Mauren auf der Iberischen Halbinsel. Schubert und sein Librettist kehren hier wieder, nach dem Modell von Cherubinis *Medea* oder Beethovens *Fidelio*, zur Entfaltung der Handlung durch gesprochene Dialoge zurück. In der Musik stattet Schubert die einzelnen Charaktere mit großen Arien aus, sorgt für ausgedehnte chorische Ensembleszenen und treibt die Handlung sogar in der deklamatorisch-musikalischen Mischform des Melodrams voran, die er schon in der *Zauberharfe* hatte erproben können. Obwohl die Musik, die das Ausdrucksspektrum in seiner vollen Breite zwischen Lyrismus und Dramatik souverän ausfüllt, den Komponisten auf der Höhe seines Könnens zeigt, krankt doch auch dieses Werk an einigen dramaturgischen Schwächen, die seine Bühnentauglichkeit nicht unbedingt fördern. Der Textdichter Kupelwieser verfügte zwar, anders als der *Alfonso*-Librettist Schober, über einige Theatererfahrung, die ihn jedoch nicht vor manchen Langatmigkeiten der Handlungsführung zu bewahren vermochte. Vor allem aber ist die Titelfigur Fierabras (in Schuberts und Kupelwiesers Schreibweise übrigens *Fierrabras*) kaum mehr als ein Anti-Held: Er ist als Sohn des Maurenkönigs Gefangener am Hofe Karls und daher schon durch äußere Umstände zu eigenen Aktionen kaum befähigt; darüber hinaus bleibt seine schwärmerische Liebe zu Karls Tochter Emma unerfüllt, und der Verzicht des unglücklich Liebenden auf Emma zugunsten ihres eigentlichen Geliebten Eginhard ist weniger heroisch als einfach nur edel. Als Protagonist kann er damit wohl ein Objekt der Sympathie, sogar des Mitleids, aber nicht der mitreißenden und affekterregenden Bewunderung sein. Ob also das musikalisch hochbedeutende Werk vielleicht im Sinne einer neuartigen, zwischen Handlung und Stillstand, Aktion und Bild aufgespannten Dramaturgie – wie sie ja auch für die Grand-opéra in Paris üblich werden sollte – funktionieren kann, dürfte sich erst erweisen, wenn ihm mehr als bisher eine Realisierungschance auf den Bühnen der Gegenwart gestattet würde.

Freilich ist die Oper Anfang 1824 auch nicht wegen der Musik gescheitert. Und schon gar nicht dürfte der Grund in Barbajas abnehmendem Interesse an der deutschen Oper zu suchen sein, das ihm angesichts des angeblichen Misserfolgs von Webers *Euryanthe* immer wieder unterstellt worden ist: Die *Euryanthe* ist immerhin im Spätherbst 1823 nicht weniger als elfmal gegeben worden und wurde sogar Anfang 1824 noch von einer weiteren deutschen Oper, Conradin Kreutzers *Der Taucher*, abgelöst. Die Wahrheit ist viel pragmatischer und damit eigentlich erst recht ernüchternd: Joseph Kupelwieser zog sich im November 1823, verstrickt in eine außereheliche Affäre mit einer Schauspielerin, fluchtartig aus seiner einflussreichen Stellung als Theatersekretär zurück. Mit ihm als Textdichter und eigentlichem Vermittler des Auftrags verschwand auch Schuberts Oper aus der Programmplanung. Der *Fierabras*-Auftrag war, der Zeit entsprechend, nie als schriftliches und im juristischen Sinne einklagbares Dokument fixiert worden; vielmehr hat man ihn sich als mündliche Vereinbarung vorzustellen, die freilich immerhin so konkret war, dass sie mehrfach Spuren in der Wiener Presse hinterlassen hat, in der auch das schließliche Scheitern von Schuberts großer Oper nicht ohne Bedauern gemeldet wurde. Schubert war keineswegs der einzige Komponist, dem dies im Geflecht aus Intrigen und plötzlichem Wegfall der Protektion widerfuhr, und er hat es, wie seine Reaktionen zeigen, zwar mit großer Enttäuschung, aber auch mit beträchtlichem Realitätssinn und Pragmatismus zur Kenntnis genommen. Nichts verrät besser als das Scheitern des eigentlich schon weit gediehenen *Fierabras*-Projekts, dass dem unberechenbaren Moloch des Wiener Opernbetriebs in letzter Instanz auch der Schutzschirm aus künstlerischer Protektion und freundschaftlicher Geselligkeit nicht gewachsen war.

Damit waren Schuberts Opernpläne an ein klares Ende gelangt. Seine illusionslose Einsicht in diese Situation ist in einem Brief festgehalten, den er Ende März 1824 an den Bruder des *Fierabras*-Librettisten, seinen damals in Rom weilenden Maler-Freund Leopold Kupelwieser, schrieb und auf den noch zurückzukommen sein wird: «Die Oper von Deinem Bruder (der nicht sehr wohl that, dß er vom Theater wegging) wurde für unbrauchbar erklärt, u. mithin meine Musik nicht in Ansprache genommen. Die Oper von Castelli, *Die Verschwornen*, ist in Berlin von einem dortigen Compositeur componirt, mit Beyfall aufgenommen worden. Auf diese Art hätte ich also wieder zwey Opern umsonst komponirt» (Dok., 235). Wenn er trotz dieser deutlichen Zäsur einige Jahre später doch noch ein letztes Mal auf die Gattung zurückgekommen ist, so zeigt dies nur seine Weigerung, den Misserfolg auf Dauer zu akzeptieren. Die Neigung zum Musiktheater blieb zentral, doch war sie nach 1824 zu einer unglücklichen und, wie sich zeigen sollte, endgültig unerfüllbaren Sehnsucht geworden. Darauf verweist das in den letzten Lebensjahren, im Juni 1827, begonnene Opernprojekt *Der Graf von Gleichen* D 918, für das Schubert Mitte 1826 eigens ein Libretto von seinem nachmals als Lustspieldichter berühmten Freund Eduard (von) Bauernfeld bekam. Ob sich für dieses Fragment gebliebene Werk, das in einer Fülle von Entwürfen und einem bis auf die Schlussnummern bereits weit ausgeführten Particell überliefert ist, überhaupt eine realistische Aufführungschance ergeben hätte, ist kaum zu klären; allein schon die Tatsache, dass das Libretto im Oktober 1826 die Zensur nicht zu passieren vermochte, stimmt eher skeptisch: Es handelt sich um die Geschichte eines aus ägyptischer Gefangenschaft in Begleitung seiner Geliebten zu Frau und Kind zurückkehrenden Kreuzfahrers, deren glückliches Ende leicht als Verherrlichung der Bigamie zu missdeuten war. Warum Schubert und Bauernfeld, wenn auch mit langen Unterbrechungen, an dem Projekt dennoch festhielten, lässt sich nicht eindeutig sagen. Die einzige Phase in Schuberts kurzem Leben jedenfalls, in der dem Komponisten aus dem Netzwerk seiner Beziehungen heraus der Aufbau eines aussichtsreichen Kontakts zum Wiener Opernbetrieb gelang, fällt in die Jahre zwischen 1819 und 1824, und sie weist ein ebenso plötzliches wie deutliches Ende auf.

Im Profil seines Werkkatalogs hat sich dieser Umstand denn auch plastisch abgebildet. Die vielbeschworenen «Jahre der Krise» sind in erster Linie Jahre des Ringens um den nachhaltigen Erfolg auf der Bühne. Schuberts kompositorisches Gesamtverhalten in den Jahren 1819 bis 1823 lässt also klar erkennen, dass der signifikanten Abnahme der Produktion auf dem Gebiet der Instrumentalmusik, dem angeblichen Symptom einer kompositorischen Krise, am anderen Ende der Skala einige ausgesprochene Erfolge auf dem Feld des Musiktheaters gegenüberstehen. Als diese Anfang 1824 abrupt ein Ende nahmen, kehrte sich die Polarität, wohl kaum zufällig, sofort wieder zugunsten der Instrumentalmusik um, in der nun der Durchbruch zu jenen großen Werken gelingen sollte, die Schuberts Nachruhm dauerhaft begründet haben.

5. Komponieren für die Öffentlichkeit

Der Weg zur großen Sinfonie

Das Frühjahr 1824 scheint den siebenundzwanzigjährigen Schubert auf einem Tiefpunkt zu zeigen. Der Aufenthalt im Allgemeinen Krankenhaus, wahrscheinlich im Herbst 1823 angetreten, lag zwar schon längere Zeit zurück, aber die strapaziöse Quecksilberbehandlung – eine frühe Form der Chemotherapie, wie sie damals zur Bekämpfung luetischer Infektionen angewendet wurde – hatte ihn offensichtlich geschwächt und sogar zu einem Haarausfall geführt, der ihn vorübergehend zum Tragen einer Perücke zwang. Hinzu kam, dass der Freundeskreis, vor allem die «Lesegesellschaft», infolge längerer Auslandsaufenthalte so wichtiger Freunde wie etwa Franz von Schober (in Breslau) oder Leopold Kupelwieser (in Rom) geistig zu verflachen und auseinanderzubrechen drohte, eine Gefahr, die erst nach der Rückkehr Schobers im Herbst 1825 abgewendet werden konnte. Allerdings intensivierten sich in dieser Zeit Schuberts Beziehungen zu den jüngeren, künstlerisch ambitionierten Neuzugängen, unter denen vor allem Moritz von Schwind (1804–1871), Franz Lachner (1803–1890) und Eduard von Bauernfeld (1802–1890) zu nennen sind. Und nicht zuletzt war, wie bereits dargestellt, die bittere Einsicht in das Scheitern des großen Opernprojekts am Kärntnertortheater zu verkraften.

In seinem langen Brief an «Signor Leopoldo/Kupelwieser/pittore tedesco./recapito al caffè grecco/Roma» vom 31. März 1824, einem der aufschlussreichsten biographischen Dokumente aus Schuberts Feder überhaupt, wird die Stimmung dieser Monate bedrückend anschaulich:

«Mit einem Wort, ich fühle mich als den unglücklichsten, elendsten Menschen auf der Welt. Denk Dir einen Menschen, dessen Gesundheit nie mehr richtig werden will, u. der aus Verzweiflung darüber die Sache immer schlechter statt besser macht, denke Dir einen Menschen, sage ich, dessen glänzendste Hoffnungen zu Nichte geworden sind, dem das Glück der Liebe u. Freundschaft nichts biethen als höchstens Schmerz, dem Begeisterung (wenigstens anregende) für das Schöne zu schwinden droht, und frage Dich, ob das nicht ein elender, unglücklicher Mensch ist?» (Dok., 234).

Schubert wohnte zu dieser Zeit, direkt nach dem Spitalaufenthalt, bei seinem Freund Joseph Huber in der Inneren Stadt auf der Stubenbastei. Es gilt zu bedenken, dass der zitierte Passus eine Momentaufnahme dieses Frühjahrs darstellt, in dem eine Genesung noch nicht abzusehen war. Der Sommer desselben Jahres brachte immerhin als erstes Symptom eines Aufschwungs das zweite Musiklehrer-Engagement bei den Töchtern der Grafenfamilie Eszterházy (so wie schon einmal im Sommer und Herbst 1818). Nicht zuletzt hat Schubert während dieses zweiten Ungarn-Aufenthalts die sogenannte «Zigeunermusik» (Erinn., 78) für sich als Inspirationsquelle entdeckt, was man etwa dem dort komponierten *Divertissement à la hongroise* für Klavier zu vier Händen D 818 unmittelbar anhören kann. Vor allem aber zeigt derselbe Brief an Kupelwieser vom 31. März 1824 nicht etwa nur Schuberts momentane Depression, sondern zugleich auch seine mit Energie, Pragmatismus und Erfolg ergriffene Strategie zu deren Überwindung. Das nämlich erst vervollständigt das Bild der Situation, und der nächste Passus dieses Briefs, dessen Beginn bereits im vorigen Kapitel zitiert worden ist, lässt denn auch den Komponisten an dem wohl wichtigsten Punkt seiner gesamten Entwicklung erkennen:

«Die Oper von Deinem Bruder (der nicht sehr wohl that, dß er vom Theater wegging) wurde für unbrauchbar erklärt, u. mithin meine Musik nicht in Ansprache genommen. Die Oper von Castelli, *Die Verschwornen,* ist in Berlin von einem dortigen Compositeur componiert, mit Beyfall aufgenommen worden. Auf diese Art hätte ich also wieder zwey Opern umsonst komponirt. In Liedern habe ich wenig Neues gemacht, dagegen versuchte ich mich in mehreren Instrumental-Sachen,

> denn ich componirte 2 Quartetten für Violinen, Viola u. Violoncelle u. ein Octett, u. will noch ein Quartetto schreiben, überhaupt will ich mir auf diese Art den Weg zur großen Sinfonie bahnen. – Das Neueste in Wien ist, dß Beethoven ein Concert gibt, in welchem er seine neue Sinfonie, 3 Stücke aus der neuen Messe, u. eine neue Ouverture produciren läßt. – Wenn Gott will, so bin auch ich gesonnen, künftiges Jahr ein ähnliches Concert zu geben» (Dok., 235).

Mehrere eng miteinander zusammenhängende Überlegungen sind aus der gedrängten Informationsfülle dieses Briefausschnitts als bemerkenswert hervorzuheben. Erstens: Schubert stellt selbst – nach dem Scheitern der Aufführungsmöglichkeit für die Oper *Fierabras* – eine markante und bewusst geplante Verschiebung seiner Produktion weg von Opern, auch von Liedern, und hin zu «Instrumental-Sachen» fest. Zweitens: Diese «Instrumental-Sachen» – gemeint sind die großen Kammermusikwerke des Frühjahrs 1824 – sollen ihm «den Weg zur großen Sinfonie bahnen». Drittens: Schubert erwähnt Beethovens Ankündigung eines eigenen Konzerts (es fand dann zwei Monate darauf, im Mai 1824, tatsächlich statt), das die Uraufführung der Neunten Sinfonie und einiger Teile der *Missa solemnis* bringen sollte. Viertens: Schubert will in absehbarer Zeit ein ähnliches Konzert, also auf eigene Rechnung und mit eigenen Werken, veranstalten (ein tatsächlich verfolgter Plan, der sich freilich erst mehrere Jahre später, im März 1828, wenn auch nicht als Sinfonie-Konzert, realisieren ließ).

Entscheidend ist, dass in diesem Brief ein neuer Umgang Schuberts mit dem Problem der Gattung zum Ausdruck kommt. Die «große Sinfonie» ist, als Gattungsparadigma verstanden, nicht einfach nur eine ästhetische, sondern auch eine in soziologischen Kategorien zu beschreibende, nämlich öffentliche Institution. Das Tor zur Opernbühne war zugefallen, und der andere mögliche Weg an die große Öffentlichkeit, den noch Mozart und Beethoven mit Erfolg beschritten hatten – das Klavierkonzert mit dem Komponisten als Solisten –, stand dem zwar versierten, aber keineswegs virtuosen Pianisten Schubert nicht zu Gebote. Geradezu frappierend erscheint daher die Systematik, mit der Schubert in der Kammermusikproduktion des Jahres 1824 jenen Weg eingeschlagen hat, der ihn schrittweise tatsächlich zum Publikum der «großen Sinfonie» führen sollte: zur zahlenden Hörerschaft einer Konzertveranstaltung als dem eigentlichen Adressaten des komponierten Werks. Das war sowohl für den Kammermusiker wie für den Sinfoniker Schubert ein neuer Ansatz, ein radikaler soziologischer Paradigmenwechsel in seiner kompositorischen Ausrichtung – wodurch ermöglicht, wird gleich näher auszuführen sein. Auch der klare und nach den Jahren der kritischen Selbstbesinnung nun überaus selbstbewusste Blick auf Beethoven, wie er im Brief an Kupelwieser zum Ausdruck kommt, ist alles andere als ein Zufall. Insofern folgt die anvisierte Bahnung des Wegs zur «großen Sinfonie» über den Umweg anspruchsvoller Kammermusik einem genauen Kalkül. Wahrscheinlich ist es nicht verkehrt, in diesem neuen Selbstbewusstsein Schuberts auch ein Ergebnis seiner langwierigen Bemühung um die Oper und ihr großes Publikum zu sehen, denn so erst wird das Ausmaß an strategischer Rationalität verständlich, mit der er das Scheitern seiner Opernpläne sofort ins Produktive wenden konnte. Anders als alle vorher für Freunde oder für Familienangehörige komponierten Kammermusikwerke, anders auch als die im Konvikt oder für das Hatwig'sche Liebhaberorchester entstandenen Ouvertüren und Jugend-Sinfonien richten sich die Werke des Frühjahrs 1824 nun, wie der Brief an Kupelwieser deutlich postuliert, mit einem neu formulierten Anspruch an die Öffentlichkeit, und genau darin liegt schließlich der lange «Weg zur großen Sinfonie».

Kammermusik und Sinfonik

Im Frühjahr 1823 war Ignaz Schuppanzigh (1776–1830), der ehemalige Quartett-Primarius des Fürsten Andreas Rasumowsky, nach langjährigem Auslandsaufenthalt nach Wien zurückgekehrt und hatte gleich für den Sommer 1823 jene Idee zu realisieren begonnen, die zu seinem Markenzeichen werden sollte: eine Kammermusik-Konzertreihe im Abonnement, durch die nun also auch in Wien die vorher der Exklusivität des Salons verpflichtete Gattung des Streichquartetts auf den Markt eines öffentlichen Musikbetriebs zu treten begann. Bekanntlich gelten die Rückkehr Schuppanzighs und sein innovativer Schritt an die Öffentlichkeit als ein entscheidender Auslöser für die fünf letzten Streichquartette Beethovens, und das gleiche scheint als maßgebliche Anregung auch für Schubert funktioniert zu haben. Damit beginnen sich die Aktionsradien beider Komponisten erstmals zu berühren; immerhin taucht Schuberts Name, wenngleich sehr sporadisch, seit dieser Zeit in Beethovens Konversationsheften auf. Das erste der in Schuberts Brief an Kupelwieser erwähnten Streichquartette, das a-Moll-Werk D 804, wurde im letzten Schuppanzigh-Konzert der Saison 1823/1824 – gemeinsam mit Beethovens Septett op. 20 – am 14. März 1824 im Saal der Gesellschaft der Musikfreunde «Zum Roten Igel» öffentlich aufgeführt und anschließend, im Spätsommer desselben Jahres, mit einer Widmung an Schuppanzigh als erstes Kammermusikwerk Schuberts (mit der Opuszahl 29) gedruckt. Auch andere kammermusikalische Werke Schuberts, unter anderem das ebenfalls im Brief an Kupelwieser erwähnte Oktett D 803, wurden von Schuppanzigh in einer seiner Konzertreihen (in diesem Falle im April 1827), aber auch bei privaten oder halböffentlichen Anlässen zur Aufführung gebracht.

Die Tatsache, dass Schubert nach mehrjähriger Pause die Komposition von Streichquartetten nun wieder, und auf völlig neuem Niveau, in Angriff nahm, findet also eine sehr pragmatische Erklärung und beruht auf durchaus realistischer Einschätzung der Situation. Von seinen Jugendwerken für das Kammermusikensemble seines Elternhauses hat er sich daher um diese Zeit mit Nachdruck distanziert: «Aber besser wird es seyn, wenn Ihr Euch an andere Quartetten als die meinigen haltet, denn es ist nichts daran, außer daß sie vielleicht Dir gefallen, dem alles von mir gefällt», schrieb Schubert seinem Bruder Ferdinand im Juli 1824 auf dessen Mitteilung hin, er wolle mit seiner häuslichen Quartettgemeinschaft die frühen Quartette wieder vornehmen (Dok., 250). Allerdings erwies sich der Weg an die Öffentlichkeit des zahlenden Publikums nach fulminantem Start als nicht ganz frei von Rückschlägen; die nächsten öffentlichen

Aufführungen seiner Werke durch Mitglieder von Schuppanzighs Quartett erfolgten nicht gerade Schlag auf Schlag (1827: Oktett D 803 und Klaviertrio D 898, 1828: Klaviertrio D 929 sowie eines der Streichquartette, möglicherweise D 887), und das d-Moll-Quartett D 810 soll Schuppanzigh einem allerdings fragwürdigen Erinnerungsbericht zufolge sogar zurückgewiesen haben. Jedenfalls aber war und blieb Schuppanzigh, auch als Leiter der beliebten sommerlichen Augarten-Konzerte, ein wichtiger Propagator von Schuberts Kammermusik, und nur die fatale Tatsache seines frühen Todes kurz nach demjenigen des Komponisten hat diese erste Serie zunehmender öffentlicher Erfolge jäh abreißen lassen.

Die letzten Streichquartette Schuberts sind also in dezidiertem Sinne Konzertsaalmusik, dem Kontext des häuslich-geselligen Musizierens in technischer wie in ästhetischer Hinsicht gänzlich enthoben. Nur das Oktett D 803 steht mit seiner der Divertimento- und Serenadentradition verpflichteten Sechssätzigkeit noch halb in der Sphäre anspruchsvoller Geselligkeitsmusik – dies allerdings bereits auf einem spieltechnischen Niveau, mit dem es offensichtlich ohne weiteres auch für Schuppanzighs Abonnementskonzerte geeignet erscheinen konnte, so wie schon Beethovens berühmtes Septett op. 20, das ziemlich wahrscheinlich auch sein Vorbild darstellt. Das Oktett weist zudem eine für Schubert charakteristische Eigenschaft auf, die er in nachfolgenden Kammermusikwerken weiter verfolgte und die erstmals im Rahmen einer großen zyklischen Konzeption bereits im *Forellenquintett* und in der *Wandererfantasie* ausprobiert worden war: die Verwendung einer eigenen Vokalkomposition als Thema für eine Reihe von Variationen. Dort war dies jeweils ein eigenes Lied gewesen (das ja den beiden Werken ihre populären, freilich nicht auf Schubert zurückgehenden Beinamen gegeben hat), im Falle des Oktetts hingegen ein Vokalensemble aus dem zu Schuberts Lebzeiten nicht aufgeführten Singspiel *Die Freunde von Salamanca* D 326. Es wird darin eine Strategie Schuberts sichtbar, wertvolles Material aus seinen gescheiterten Opernprojekten in anderen Bereichen weiter zu verwerten, vielleicht auch sie dorthin hinüberzuretten – eine Strategie, die ebenfalls in mehreren Folgewerken wie den beiden Streichquartetten, der *Winterreise* und den späten Klavierstücke-Zyklen D 935 und D 946 zur Anwendung gelangte. Im a-Moll-Quartett D 804 verwendet er für dessen langsamen Satz Teile der Ballettmusik aus der zwar nicht gerade gescheiterten, aber nur zweimal aufgeführten *Rosamunde*, und im d-Moll-Quartett D 810 wird die Coda des Kopfsatzes mit einem harmonisch exquisiten Ausschnitt aus *Fierabras* bestritten. In beide Quartette wird zudem, womit er die Tradition des *Forellenquintetts* und der *Wandererfantasie* fortführt, jeweils ein eigenes Lied integriert: in das a-Moll-Werk der Beginn aus der Schiller-Vertonung *Die Götter Griechenlands* (D 677, November 1819) als Eröffnung des Menuetts, und in das d-Moll-Werk das berühmte Claudius-Lied *Der Tod und das Mädchen* (D 531, Februar 1817) als Thema eines Variationensatzes. Diese Art der bearbeitenden Integration eigener Lieder in die Instrumentalmusik sollte für Schubert auch weiterhin charakteristisch sein.

Dass die Kammermusikwerke des Frühjahrs 1824 eine solche Wiederverwertung eigener Vokalsätze in besonderer Konzentration aufweisen, könnte damit zusammenhängen, dass in ihnen auf diese Weise gerade beim planvollen Übergang in die Sphäre der Öffentlichkeit eine schwache Spur intim-geselliger Diskursivität aufbewahrt worden ist: Denn nicht bloß die – zum Teil noch gar nicht veröffentlichten – Lieder, sondern vor allem die Übernahmen aus den unveröffentlicht gebliebenen Bühnenwerken konnten, wenn überhaupt, nur einem exklusiven Zirkel von Kennern bemerkbar sein. Ob die Möglichkeit einer solchen Entschlüsselung vom Komponisten vorgesehen war, bleibt zwar fraglich, aber mindestens im d-Moll-Streichquartett schließen sich diese Materialien in der Tat zu einer konsistenten Schicht semantischer Konnotation zusammen: Der Tod ist wohl wirklich das geradezu obsessiv behandelte «Thema» dieses dunklen und rätselhaften Werks. Dem Kenner des Claudius-Liedes wird auffallen, dass im Variationen-Thema des langsamen Satzes nur dessen zweite Strophe verwendet wird, jener Teil des Gedichts also, der dem verängstigten Mädchen den Tod als Erlösung nahezubringen sucht: «Gib deine Hand, du schön und zart Gebild!/bin Freund und komme nicht zu strafen./Sei gutes Muts! ich bin nicht wild,/sollst sanft in meinen Armen schlafen!» Merkwürdigerweise tritt jedoch das Lied seine Originaltonart d-Moll an den Rest des Werkes ab; es selbst hingegen, das Variationenthema, steht in der Subdominanttonart g-Moll. Die aufgewühlte Panik der für die Variationenfolge nicht verwendeten ersten Strophe hingegen («Vorüber, ach, vorüber!/geh, wilder Knochenmann!/Ich bin noch jung, geh, Lieber!/und rühre mich nicht an») geht mitsamt der Originaltonart d-Moll an die drei anderen Sätze über, und der Kopfsatz weist in seiner Coda zudem eine harmonisch singuläre, auch dort übrigens in d-Moll stehende Kadenzformel aus dem dritten Akt des *Fierabras* auf (zu Emmas Worten «mich fassen die bleichen Gestalten der Nacht», Nr. 19, Takte 67–70), die Schubert so bemerkenswert fand, dass er mit ihr auch die Ouvertüre zu dieser Oper eröffnet hatte. Mit vier Sätzen in Moll präsentiert sich also das gesamte Quartett in ungewöhnlicher Schroffheit, und der letzte Satz disponiert zum ersten Mal in Schuberts Œuvre jenes Finale-Modell der schauerlichen Tarantella, das man auch im G-Dur-Quartett D 887 und in der c-Moll-Klaviersonate D 958 wiederfinden kann, das aber hier, im d-Moll-Quartett, in ganz besonderer Weise den Eindruck eines jagenden, unheimlichen Totentanzes erweckt. Man braucht den (ohnehin apokryphen) Titel des Werkes gar nicht zu kennen, um in seiner kompromisslosen und nur im langsamen Satz vorübergehend aufgehellten Düsterkeit so etwas wie eine auskomponierte Auseinandersetzung mit dem Skandalon der menschlichen Endlichkeit wahrzunehmen, und dies in einer Unerbittlichkeit der Trost-Verweigerung, die die im langsamen Satz aufgegriffene Botschaft des ursprünglichen Liedes geradezu dementiert und noch den heutigen Hörer maßlos erschrecken kann. Dass man gerade darin später ein Signum der radikalen Modernität Schuberts wahrgenommen hat, ist wenig verwunderlich. Viele der späteren Werke folgen im Tonfall dieser einmal ausgelegten Spur, am konsequentesten wohl in seiner Gesamtanlage der Liederzyklus *Winterreise*. Der Ton des Abgründig-Unheimlichen sollte von nun an aus Schuberts Musik nie mehr ganz verschwinden. Und er flößt sogar noch seinen strahlendsten C-Dur-Werken eine mit Worten nur schwer zu beschreibende Schwermut ein.

Das dritte der im Brief an Kupelwieser angekündigten Quartette, jenes in G-Dur D 887, bietet ein eindrucksvolles Beispiel für Schuberts charakteristische Verfremdung des Dur-Geschlechts. Erst gut zwei Jahre nach der Brief-Ankündigung, im Frühsommer 1826, entstanden, spielt dieses Werk von allem Anfang an mit dem Oszillieren zwischen Dur und Moll, ja erhebt dieses regelrecht zu seiner zentralen Thematik. Es beginnt mit nichts anderem als eben diesem rein harmonischen Ereignis. Ein G-Dur-Dreiklang schwillt aus dem Piano-Bereich ins Fortissimo an und schlägt dort schroff und abrupt in den gleichnamigen Moll-Akkord um: Harmonik, nicht Melodik (wie bisher immer) wird hier zu thematischer Struktur. Am Beginn der Reprise wird die Relation von Moll und Dur genau umgekehrt, und dann in der Coda schließlich nochmals, so dass die Situation des Beginns wiederhergestellt ist. Das Finale, ein zweites großes Exemplar des unheimlichen Schubert'schen Tarantella-Satzmodells, nimmt dieses Schwanken zwischen Dur und Moll wieder auf, macht es als Rondo-Refrain abermals thematisch und lässt das Ergebnis bis kurz vor seinem endlichen Dur-Durchbruch offen, in dessen Licht somit der Schatten der Moll-Variante gleichsam hintergründig lauernd anwesend bleibt. Die umfangreichen Mittelsätze dieses G-Dur-Werks stehen, ungewöhnlich genug, beide in Molltonarten und prägen kontrastierende Charaktere aus. Während die tiefe Melancholie des langsamen Satzes (e-Moll) und die fahle Dämonie des Scherzos (h-Moll) das G-Dur der Rahmensätze fast vergessen machen, wirkt das Trio des Scherzos wie ein kleines Licht im Dunkeln – zumal es aus einem der berühmt gewordenen Schubert'schen «Modulationswunder» hervorgeht: der Schlusston H des h-Moll-Scherzos wird, mit leichter Hand und überwältigender Wirkung, in die Terz der Trio-Tonika umgedeutet. Dieses kleine G-Dur-Trio ist einer jener Sätze Schuberts, in denen das folkloristische Modell des Ländlers durch eine Reihe ingeniöser Stilisierungsmaßnahmen in die Sphäre hoher Kunstmusik emporgehoben wird. Dazu trägt auch seine besondere Funktion im Gesamtzusammenhang der riesigen Werkdimensionen bei: dass nämlich dieses lichtvolle Sätzchen, eine Dur-Enklave von sehnsuchtsvoller Innigkeit, nach langer Zeit erstmals die Haupttonart G-Dur, die Werk-Tonika, wieder in Erinnerung bringt. Damit ist das artifizielle Gebilde dieses stilisierten Ländlers in seiner unsagbar ergreifenden Wehmut zugleich ein instruktives Beispiel dafür, wie sehr «schöne Stellen» bei Schubert ihr ganzes Ausdruckspotential nicht schon für sich, sondern erst im umfassenden Verständnis ihres strukturellen Kontexts entfalten. Nie zuvor ist die spannungsvolle Beziehung zwischen Dur und Moll in dieser Tiefe und mit solcher Konsequenz zum Gegenstand eines kompositorischen Diskurses gemacht worden; dass dieses Charakteristikum spätestens von nun an zum innersten Kern von Schuberts Personalstil gehörte, darf nicht den Blick dafür verstellen, dass es sich in seinem Gesamtschaffen über viele Jahre hinweg bereits unüberhörbar vorbereitet hatte.

Es sollte nicht vergessen werden, dass Schuberts Werkkatalog neben diesen großen Werken von konzentriertester Seriosität selbstverständlich auch Kompositionen anderen Zuschnitts enthält – freilich mit der nun konsequent beibehaltenen Ausrichtung auf eine professionelle Konzertdarbietung. Bezeichnenderweise führen gerade diese effektvollen Konzertwerke jene Tradition weiter fort, die schon in der *Wandererfantasie* im Kontext des Virtuosen exponiert worden war: die brillante und alle technischen Möglichkeiten bis zur Neige ausschöpfende Variierung eigener Liedstrophen. Stets sind sie für bestimmte Musiker geschrieben worden, nie für sich selbst, denn Schubert beherrschte zwar mehrere Instrumente sicher, aber keineswegs virtuos. Die Variationen für Flöte und Klavier in e-Moll (D 802) etwa hat Schubert Anfang 1824 wahrscheinlich für den ihm bekannten Flötenvirtuosen und Konservatoriumsprofessor Ferdinand Bogner komponiert. Dass er ihnen eines seiner innigsten Lieder, das traurige *Trockne Blumen* aus dem soeben gedruckten Liederzyklus *Die schöne Müllerin*, zugrunde legte, hat in der älteren Literatur durchaus Anstoß erregt – völlig unberechtigt indes, denn die Variierung des Liedes, die am Ende in einen brillanten Triumphmarsch mündet, dürfte Schubert keineswegs als Veräußerlichung des Originalliedes, sondern eher sogar als einen legitimen Modus seiner musikalischen Ausdeutung und Vertiefung empfunden haben. Ebenso dürfte es sich mit der im Dezember 1827 für die befreundeten Virtuosen Joseph Slawjk und Carl Maria von Bocklet komponierten und von diesen im Januar 1828 im Landhaussaal öffentlich aufgeführten Fantasie für Violine und Klavier in C-Dur (D 934) verhalten, deren langsamer Satz das schwärmerisch-schöne Rückert-Lied *Sei mir gegrüßt* (D 741) aufgreift und es aus der tiefen Innigkeit des Originals bis zur effektvollsten Virtuosität des Konzertpodiums emporsteigert.

Die eigentliche Zielgattung des im Brief an Kupelwieser entworfenen Plans erreichte Schubert schließlich mit der C-Dur-Sinfonie D 944, die man seither nicht etwa wegen Schuberts eigener Formulierung in jenem Brief, sondern einfach zur Unterscheidung von ihrer kleineren C-Dur-Schwester aus dem Jahre 1818 als die «Große» zu bezeichnen pflegt. Sie ist die erste (und einzige) vollendete Sinfonie nach der glücklich gelungenen Serie der sechs Jugendwerke, und das hat im späteren Konzertbetrieb zu einigen kuriosen Problemen der Numerierung geführt. Weil man früher von einer in Gmunden und Gastein komponierten, aber vollständig verschollenen Sinfonie ausging, von der man nur aus mehreren Briefen und Erinnerungsberichten von Schuberts Freunden Kenntnis hatte, erhielt diese in Otto Erich Deutschs Werkkatalog die Nummer D 849. Weil nun diese nur gerüchteweise bezeugte Sinfonie und die inzwischen im Konzertleben als vollgültiges Werk etablierte *Unvollendete* sich zwischen die sechs Jugendsinfonien und die «große» C-Dur-Sinfonie geschoben hatten, erhielt die letztere schließlich im Laufe des 20. Jahrhunderts die Nummer 9, womit man nun auch bei Schubert wie bei Beethoven, Bruckner und Mahler eine willkommen am Schluss des sinfonischen Œuvres stehende *Neunte* hatte. In der Alten Schubert-Gesamtausgabe dagegen hatte die C-Dur-Sinfonie noch die Nummer 7 erhalten und die *Unvollendete*, die wegen ihres fragmentarischen Status hinter die vollendeten Werke eingereiht worden war, die Nummer 8. Heute, in der Neuen Schubert-Gesamtausgabe, ist es – nachdem die «Gmunden-Gasteiner Sinfonie» D 849 als Phantom erkannt worden und aus den weiteren Überlegungen ausgeschieden war – genau umgekehrt: Streng nach ihrer Entstehungschronologie gezählt, tragen die *Unvollendete* die Nummer 7 und die «große» C-Dur-Sinfonie die Nummer 8. Doch suggeriert ohnehin jede Zählung, welche es auch sei, eine Kontinuität, die es in Schuberts sinfonischem Œuvre gar nicht gibt.

Die für den Sommer 1825 in Freundesbriefen glaubwürdig bezeugte «Gmunden-Gasteiner» Sinfonie dürfte mit der «großen» C-Dur-Sinfonie identisch sein. Die Verwirrung kommt dadurch zustande, dass das Autograph des C-Dur-Werks, auf den ersten Blick wenigstens, am Beginn mit «März 1828» datiert ist. Andererseits haben Papier- und Schriftuntersuchungen inzwischen zweifelsfrei ergeben, dass der Kompositionsbeginn mindestens in eben den Sommer 1825 zurückreicht, aus dem die Arbeit an der sogenannten «Gmunden-Gasteiner» bezeugt ist. Das Rätsel des dazu querständigen autographen Kopfdatums ist daher nicht restlos aufzulösen, zumal es nicht vollständig zu lesen ist, denn beim Einbinden des Autographs ist der Buchblock ausgerechnet am oberen Rand beschnitten worden. Möglicherweise ist die (gar nicht ganz zweifelsfrei als solche lesbare) Jahreszahl «1828» bei einer letzten Revision aus einem ursprünglichen Eintrag «1825» nachträglich korrigiert worden. Jedenfalls lässt der Befund auf einen ungewöhnlich langen Arbeits- und Revisionsprozess schließen.

Schubert hat die C-Dur-Sinfonie demnach möglicherweise zwar bereits im Frühjahr in Wien begonnen, aber wahrscheinlich in Gmunden und in Gastein ausgearbeitet, wohin ihn seine große Sommerreise des Jahres 1825 geführt hatte. Im Mai des Jahres angetreten, hat diese ausführlichste aller seiner Reisen zunächst dem Besuch alter Freunde in Steyr und in Linz gegolten; in den anschließenden Hochsommer fielen dann längere Aufenthalte in Gmunden (Juni/Juli 1825) und Gastein (August 1825), teilweise in Begleitung des Sängers Johann Michael Vogl, bevor im Oktober nach den mutmaßlichen Zwischenstationen Steyr und Linz schließlich wieder Wien erreicht war. Ein nachweisbarer Ertrag dieser Reise ist auch die in Gastein entstandene große D-Dur-Klaviersonate D 850; das Hauptprojekt dieser Zeit war aber wohl die «große» Sinfonie. Mit ihr hat Schubert sein sinfonisches Konzept auf jenes Niveau geführt, das von vielen nachfolgenden Komponisten als einzige denkbare Alternative neben den großen Sinfonien Beethovens empfunden worden ist. Nach dem Kennenlernen der Neunten Beethovens entstanden, die Schubert in jenem dem Freund Kupelwieser gegenüber erwähnten Konzert vom Mai 1824 gehört haben dürfte, zeigt sie nicht etwa irgendwelche Spuren einer Einschüchterung oder Verunsicherung, sondern die konsequente Verfolgung eines eigenen Gattungsmodells. Wenn Beethovens Sinfonie-Konzept durchaus als «dramatisch» charakterisiert werden kann, dann ist dasjenige Schuberts, wie es sich im C-Dur-Werk zeigt, eher «episch». Mit einer Breite der sinfonischen Entfaltung, die Robert Schumann später zum entzückten Ausruf von der «himmlischen Länge» hingerissen hat, bringt diese Sinfonie in die Gattungsgeschichte eine gänzlich neue Methode der musikalischen Zeitorganisation ein. Grundlage all dessen ist die zu diesem Zeitpunkt von Schubert souverän beherrschte Technik einer neuartigen Formbildungsleistung der Harmonik, mit der an die Stelle von Ökonomie, Stringenz und Zielstrebigkeit die ästhetischen Eigenschaften des Statischen, des Rückbezüglichen und des Verweilens in strukturellen Digressionen treten können.

Schon die Einleitung des Werks zeigt dieses Neue programmatisch an: Exponiert wird eine einstimmige, unbegleitete Melodielinie der Hörner, von der bis zum Einsatz des vollen Orchesters nicht ganz klar ist, ob sie die Tonart C-Dur oder aber deren Mollparallele a-Moll umreißt (am Ende des Satzes wird sie mit überwältigender Wirkung zu einer orchestralen C-Dur-Apotheose geführt). Wenn dann der Orchesterapparat, auf diesen Hornruf reagierend, C-Dur als Tonika fixiert, steckt er gleichwohl mehrere harmonische Großräume ab, die durch zwei Kadenzen in mediantischen, also terzverwandten Tonarten – erst nach E, dann nach As – voneinander separiert werden. Und es werden gerade diese beiden Mediant-Tonarten sein, die dann im Verlauf des anschließenden Allegro-Hauptteils für die enorme Dehnung der Exposition verantwortlich sind. Zuerst nämlich beginnt der Seitensatz mit einer überraschenden Rückung in der Tonart e-Moll, bevor er sich erst nach längerer Wegstrecke endlich in das reguläre G-Dur bequemt, und in die lange G-Dur-Partie des Expositionsschlusses wird schließlich die Tonart as-Moll, unter melodischem Einsatz der Posaunen, als tiefster harmonischer Punkt einer ausführlichen Ausweichung eingelagert. Die Eckpunkte E und As, aus der Einleitung bereits bekannt, überkreuzen sich also mit den traditionellen formbildenden Gerüstmarken C und G. Damit wird hier eines seiner inzwischen zur Perfektion gesteigerten Markenzeichen, die sogenannte Drei-Tonarten-Exposition, von Schubert zum überzeugenden Mittel einer eher episch als dramatisch anmutenden Sinfonik ausgebaut, indem die traditionelle «Spannung» der beiden Pole Tonika und Dominante gleichsam einer mediantischen Nivellierung unterzogen und damit in eine konstruktiv begründete «Ent-Spannung» umgedeutet wird. Alle Sätze sind mit dieser und anderen Techniken zu enormer, aber an keiner Stelle zerfließender Breite gedehnt, und die harmonisch-melodische Weiträumigkeit ist seitdem zu einem Kennzeichen fast aller großen Schubert'schen Instrumentalformen geworden. Ein bis in die Sinfonik Bruckners, Mahlers und Schostakowitschs folgenreiches Modell führt Schubert mit dem marschartig schreitenden zweiten Satz ein, dessen Verlauf seinen geradezu katastrophischen Höhepunkt in einer unaufgelösten Dissonanz mit anschließender Generalpause erreicht und nach dieser überaus verstörenden Zäsur erst mühsam in die alte melodische Ordnung zurückfinden muss. Ebenso prägen das Scherzo und das Finale Satzmodelle aus, deren Spuren in der späteren Gattungsgeschichte des 19. und 20. Jahrhunderts neben denen Beethovens mit Händen zu greifen sind. Von besonderer Provokation ist der Repriseneintritt im Finale, der – wie seit dieser Zeit bei Schubert nicht selten – keineswegs in der Tonika, sondern im mediantischen Es-Dur erfolgt und somit die auseinanderstrebenden Parameter des harmonischen und des thematischen Reprisenbeginns neu kombiniert. Fast überflüssig zu sagen, dass auch diese harmonisch sehr ungewöhnliche Maßnahme, darin dem strategischen Denken des Kopfsatzes ebenbürtig, ihre strukturelle Rechtfertigung durch ein über den gesamten Satz ausgebreitetes Netz aus harmonischen Beziehungen findet.

Wenn man diesem neuen Sinfoniekonzept mit den Attributen des Narrativen oder des Epischen beizukommen wagt, dann wird damit lediglich der Versuch einer metaphorischen Erfassung dieses Neuartigen unternommen, keineswegs aber die programmatische Erschließbarkeit des musikalisch Gemeinten behauptet. Das zur Apotheose werdende einleitende Hornthema am Schluss des Kopfsatzes, die marschartig schreitende Entwicklung des langsamen Satzes bis zur dissonanten Katastrophe und die harmonische Deviation der Finale-Reprise wirken wie erzählbare, jedoch nicht in Worte übersetzbare Handlungsmuster. So liegt in dieser kaum zu überhörenden epischen Suggestivität des Werks so etwas wie seine «poetische Idee», die es im Rahmen autonomer Musik als grandioses Modell sinfonischer Sinnstiftung erscheinen lässt.

Wahrscheinlich hat sich Schubert eine Aufführung seiner «großen» Sinfonie durch das Orchester der Gesellschaft der Musikfreunde erhofft, deren aktives Mitglied er inzwischen geworden war: 1825 war er als «Ersatzmann», 1827 dann sogar als wirkliches Mitglied in den «Repräsentantenkörper», also das Leitungsgremium, der Gesellschaft gewählt worden. Ob eine Zahlung der Gesellschaft an Schubert über 100 Gulden W. W. im Jahre 1826 mit der mutmaßlichen Übergabe des Autographs in das Archiv der Gesellschaft zusammenhängt (in dem es sich bis heute befindet), ist nicht einwandfrei zu ergründen; ebenso wenig erklärbar ist die schon erwähnte Tatsache, dass Schubert möglicherweise noch bis in das Jahr 1828 hinein Revisionen an dem inzwischen ja bereits im Besitz der Gesellschaft befindlichen Manuskript vorgenommen haben könnte. Offenbar ist wenigstens eine Durchspielprobe ins Auge gefasst worden, denn es existiert aus dieser Zeit ein eigens angefertigter Stimmensatz. Zu einer öffentlichen Aufführung indessen ist es nicht gekommen; sehr wahrscheinlich war daran der Widerstand der meistenteils nicht professionellen Orchestermusiker gegen das ästhetisch ungewöhnliche und technisch enorm schwierige Werk verantwortlich. Ihren phänomenalen Triumph und ihre geradezu katalytische Wirkung für die Weiterentwicklung der Gattung hat die Sinfonie erst gut zehn Jahre nach Schuberts Tod erlebt: Als Robert Schumann sie 1839 anlässlich eines Besuchs bei Schuberts Bruder Ferdinand kennenlernte, führte seine spontane Begeisterung zur sofortigen Übersendung des Werks an seinen Freund Felix Mendelssohn, der es als Kapellmeister des Leipziger Gewandhauses noch im selben Jahr – Schubert wäre 42 Jahre alt gewesen – mehrfach zur Aufführung brachte.

Zwischen Auftrag und Bekenntnis: die geistlichen Vokalwerke

Eine breitere Öffentlichkeit jenseits häuslichen Musizierens und biedermeierlicher Salongeselligkeit konnte Schubert, so scheint es jedenfalls auf den ersten Blick, auch mit der Komposition größerer geistlicher Vokalwerke erreichen, vor allem mit umfangreichen Orchester-Messen, für die in den meisten der 18 innerstädtischen und der 48 vorstädtischen Kirchen Wiens ein entsprechender Aufführungsapparat vorhanden war. Immerhin hatte Schubert als Hofsängerknabe ein immenses Repertoire an älterer und zeitgenössischer Kirchenmusik praktisch kennengelernt. Allerdings versammelte sich zur Messe nicht ein Konzertpublikum, sondern eine Gemeinde. Mit einer musikalischen Öffentlichkeit im modernen Sinne hat dies also nichts zu tun, auch wenn in der Folge gerade die konzertante Säkularisierung geistlicher Musik jenem Phänomen Vorschub zu leisten begann, das man für das spätere 19. Jahrhundert treffend als «Kunstreligion» bezeichnet hat. Nicht nur Beethovens *Missa solemnis* und Johann Sebastian Bachs *Matthäuspassion*, die ein halbes Jahr nach Schuberts Tod für die Öffentlichkeit wiederentdeckt wurde, sondern auch Schuberts eigene große Messen sind in diesem Sinne später zu Konzertsaalmusik geworden, in deren weihevoller Rezeption das Verhalten der Kirchengemeinde an den Habitus der Hörergemeinde im öffentlichen Sinfoniekonzert übergegangen ist. Zu Schuberts Lebzeiten freilich war einer Messe die Aufführung im Konzertsaal noch durch offizielles Verbot verwehrt; auch Beethoven hatte die Wiener Erstaufführung seiner *Missa solemnis* nur in Ausschnitten vornehmen können, die er verschleiernd «Hymnen» nannte – es war jenes Konzert im Mai 1824, auf das Schubert in dem zitierten Brief an Kupelwieser seine erwartungsvollen Blicke gerichtet hatte.

Die Kirchengemeinde fungierte für Schubert also gleichsam als uneigentliche musikalische Öffentlichkeit. Bezeichnenderweise ist der erste breiter beachtete Erfolg des siebzehnjährigen Komponisten die zunächst in der Kirche seiner Heimatgemeinde Lichtental erfolgte und alsbald in der Inneren Stadt wiederholte Aufführung einer Messe gewesen. Es war denn auch, wie schon dargestellt, wohl nicht zuletzt diese positive Erfahrung mit der F-Dur-Messe D 105 vom September 1814, die Schuberts späteren Entschluss zum Wagnis einer Komponistenexistenz kräftig mit gefördert hat. Erstaunlich ist die frühe Komposition größerer Kirchenwerke für den heimatlichen Pfarrbezirk eigentlich nicht. Die F-Dur-Messe verdankt sich diesem Kontext, auch wenn der Auftrag für eine Festmesse zur Jubiläumsfeier der Lichtentaler Gemeinde als besonders ehrenvoll gelten darf; ähnlich zwanglos entstanden auch die ein halbes Jahr darauf komponierte G-Dur-Messe D 167 und zahlreiche kleinere geistliche Werke aus dieser Zeit. Ebenso leicht erklärlich ist damit aber auch die Tatsache, dass die regelmäßige Komposition von Kirchenmusik nach dem Auszug aus dem Elternhaus vorläufig abriss. Danach sind noch vereinzelte Werke Schuberts, etwa die sogenannte *Deutsche Trauermesse* D 621, für seinen Bruder Ferdinand komponiert worden, der seit 1816 für die Musikausbildung am Wiener Waisenhaus verantwortlich war und im Dezember 1819 sogar Sätze aus dieser Komposition für seine eigene Musikprüfung vorlegte. Für Ferdinand, der seit 1820 nebenamtlich den Kirchenchor in Altlerchenfeld leitete, entstanden auch später noch liturgische Gelegenheitskompositionen wie die sechs Antiphonen D 696 oder das *Tantum ergo* D 750.

Dass die frühen geistlichen Werke Schuberts genauso wie seine ersten Streichquartette oder die Jugendsinfonien in einem überschaubaren, durch persönliche Beziehungen geprägten Produktionskontext entstanden sind, zeigt sich selbst dann noch, wenn sie ausnahmsweise einmal ihren unmittelbaren Entstehungsumkreis zu transzendieren beginnen. So berichtete etwa im Herbst 1818 der um fünf Jahre ältere Freund Joseph Doppler, der als Bratschist auch im Schubert'schen Familienquartett und im Frischling-Hatwig'schen Liebhaberorchester mitwirkte, dem zu dieser Zeit gerade noch im ungarischen Haushalt des Grafen Eszterházy weilenden Schubert von einem neu gebildeten «Musikverein», der auch eine Aufführung der G-Dur-Messe D 167 plane. Weder über diesen Musikverein, dessen Existenz für die Wiener Situation nicht untypisch wäre, noch über eine allfällige Aufführung der Messe in diesem Rahmen ist freilich Näheres bekannt; in jedem Fall jedoch wäre auch dies wieder jener eher private als öffentliche Kontext gewesen, der schon in früheren Jahren als Basis für Schuberts erste Vokal- und Instrumentalwerke bestimmend gewesen ist. Noch für seine letzte Messe, das große Es-Dur-Werk D 950 vom Sommer 1828, ist die Beauftragung durch einen Verein – den Verein zur Pflege der Kirchenmusik der Vorstadt Alsergrund (heute 9. Bezirk) – regelrecht bezeugt, und damit entstammt selbst dieses sinfonisch dimensionierte Werk dem vertrauten Umkreis jener Formen bürgerlicher Selbstorganisation, mit denen solche Vereine der von der Kirche nicht mehr zureichend finanzierbaren Musik ihrer Pfarrgemeinden aufzuhelfen gedachten. Der Auftraggeber, Michael Leitermayer, war in seiner Kindheit ein Mitschüler Schuberts beim Musikunterricht durch den Lichtentaler Regens Chori Michael Holzer gewesen.

Nur für die davor entstandene Messe, der Zählung nach die fünfte, ist kein Kompositionsanlass bekannt. Dieses Werk, die As-Dur-Messe D 678, weist überdies eine ungewöhnliche Entstehungsgeschichte auf: Es wurde im November 1819 begonnen, aber erst im September 1822 vollendet, und selbst diesen Werkzustand hat Schubert nicht als endgültig betrachtet, indem er 1825 mit ziemlichem Aufwand eine zweite Fassung erarbeitete. Doch scheint eine Aufführung der ersten Fassung zumindest in Aussicht gestanden zu haben, wie aus einem Brief Schuberts an Joseph von Spaun vom 7. Dezember 1822 hervorgeht. Schubert äußert bei dieser Gelegenheit zudem «noch die alte Idee, sie dem Kaiser oder der Kaiserin zu weihen, da ich sie für gelungen halte» (Dok., 173). Möglicherweise verfolgte Schubert damit, wohl ohne sich dieser Parallelität bewusst zu sein, dieselbe «Idee» wie Beethoven, der sich um eben diese Zeit auf die durch den Tod Anton Teybers (1756–1822) frei gewordene Stelle des k. k. Hofkompositeurs bewarb (die indessen schließlich gar nicht wieder besetzt wurde). Jedenfalls aber weist diese «alte Idee» auf den Kontext der zweiten Fassung voraus, denn mit ihr hat sich Schubert am 7. April 1826 tatsächlich beim Kaiser um die Stelle des Vize-Hofkapellmeisters beworben, was allerdings der späteren Aussage von Freunden zufolge durch den Hofkapellmeister Joseph Eybler, seit 1824 Salieris Amtsnachfolger, hintertrieben worden ist. Dessen angebliches Diktum, «die Messe sei gut, aber nicht in dem Stile komponiert, den der Kaiser liebt» (Erinn., 204), trifft selbst dann, wenn es nur gut erfunden ist, einen richtigen Kern: Schuberts letzte Messen, die in As- und später die in Es-Dur, sprengen bei weitem die in der Hofkapelle gewohnten Maßstäbe, die sich dem konservativen kaiserlichen Musikgeschmack gemäß deutlich an älterer Kirchenmusik von Georg Reutter jr. über Florian Gassmann bis zu Johann Georg Albrechtsberger orientierten (was Schubert von seiner eigenen Sängerknabenzeit her übrigens klar bewusst gewesen ist).

In der Forschung ist immer wieder die Frage nach dem Bekenntnischarakter von Schuberts geistlichen Werken aufgeworfen worden. Zunächst einmal, das gilt es festzuhalten, stehen sie mit ihren pragmatischen Anlässen in einer langen kirchenmusikalischen Tradition, in die sich auch Schubert eingegliedert hat. Zu ihr gehört die Verwendung gewisser musikalischer Topoi ebenso wie die Vermeidung allzu flagranter individueller Eigenheiten zumindest in den Frühwerken. Doch setzte sich auch in diesem Genre schon bald Schuberts Personalstil durch; vor allem aber weisen, was die meisten Diskussionen ausgelöst hat, all seine Messen signifikante Textauslassungen auf, von denen inzwischen feststehen dürfte, dass sie nicht auf Flüchtigkeit beim Komponieren oder auf korrumpierte Textvorlagen zurückzuführen sind. Diese Manipulationen des eigentlich sakrosankten Messformulars sind vielfältig und wechseln von Werk zu Werk; manche aber lassen eine gewisse Systematik erkennen. So vertont Schubert in keiner seiner sechs Messen die Formel aus dem *Credo* «et in unam sanctam catholicam et apostolicam ecclesiam», von der zweiten Messe an fehlt im *Gloria* die Bitte «suscipe deprecationem nostram», ab der vierten auch der Relativsatz «qui sedes ad dexteram patris». Auffällig ist zudem, dass in den beiden letzten Messen das Bekenntnis «Et expecto resurrectionem mortuorum» ausgespart wird. Nun kommen Textauslassungen in der Messvertonung auch bei anderen Komponisten vor, und sie haben die Verwendung der Komposition in der Liturgie auch erst im späten 19. Jahrhundert eingeschränkt. Doch könnte Schuberts systematische Auslassung einiger Dogmen und vor allem die konsequente Verweigerung eines Bekenntnisses zur Kirche als Institution durchaus einer persönlichen Haltung entspringen. An seinem älteren Bruder Ignaz etwa imponierte ihm, wie er diesem 1818 aus Zseliz schrieb, «der unversöhnliche Haß gegen das Bonzengeschlecht» (Dok., 75), und während seiner großen Sommerreise dokumentierten ihm 1825 die Salzburger Baudenkmäler vor allem «die verschwundene Macht des Pfaffenthums» (Dok., 314). Solche Äußerungen, denen noch weitere an die Seite zu stellen wären, sind nicht religionsfeindlich, aber scharf kirchenkritisch. An anderer Stelle, den Eltern gegenüber, betont Schubert hingegen seine «Frömmigkeit», verweist aber darauf, dass er sich «zur Andacht nie forciere» (Dok., 299). Schubert ist in keiner Weise als praktizierender Kirchgänger und Katholik bezeugt, ebenso wenig wie seine Freunde, und eine gewisse Distanz zur orthodoxen Lehre ist in diesem Kreis junger Intellektueller ohnehin vorauszusetzen. Im Januar 1827 etwa lud ihn sein Freund Ferdinand Walcher zu einem Konzert mit dem geschätzten Sänger Ludwig Tietze ein und eröffnete den Einladungsbrief mit den textierten Noten der gregorianischen Intonation «Credo in unum Deum», dies aber nur, um dann folgenden Kommentar anzufügen: «Du nicht! das weiß ich wohl, aber das wirst du glauben, daß Tietze heute abend beim Vereine deine Nachthelle singen wird» (Dok., 403). Das ist zumindest, sicher mit Einverständnis des Empfängers, ein respektloser Scherz auf Kosten der Religion, wenn nicht sogar mehr.

Am ehesten lassen sich vielleicht unorthodoxe Textwahlentscheidungen auf eine bekenntnishafte Intention zurückführen: Das im Frühjahr 1816 entstandene *Stabat mater* D 383 etwa ist eine Vertonung der deutschen Paraphrase dieser berühmten Sequenz durch Friedrich Gottlieb Klopstock. Merkwürdig ist die Tatsache, dass hier der Text eines Protestanten als Basis dient, der denn auch in seiner Übersetzung auffällig von der katholischen Sicht auf die Vermittler- und Fürbitter-Rolle der Gottesmutter Maria abweicht. Ob diese Textwahl aber wirklich eine Konfession des Komponisten indiziert – sie steht zweifellos in engem Zusammenhang mit der geradezu systematischen Serie der Klopstock-Lieder aus den Jahren 1815 und 1816 –, lässt sich nicht entscheiden. Nüchtern betrachtet, fehlt nur der Nachweis sowohl eines Auftrags als auch einer Aufführung; daraus gleich auf eine Komposition allein aus innerem Antrieb zu schließen, könnte voreilig sein. Später hat Schubert, wie bereits dargestellt, in dem unvollendeten Oratorium *Lazarus* D 689 nochmals eine protestantische Textvorlage in Musik gesetzt. Und im letzten Lebensjahr kam, durchaus bemerkenswert, die Vertonung des hebräisch textierten 92. Psalms (D 953, Juli 1828) hinzu, die Schubert für Salomon Sulzer, den Kantor der Wiener Synagoge, schrieb. Die kurz zuvor entstandene klavierbegleitete Kantate für Chor und Solo-Sopran *Mirjams Siegesgesang* D 942 auf einen Text Franz Grillparzers ist hingegen, trotz der breit auskomponierten triumphalen Schlussformel «groß der Herr zu allen Zeiten», kein eigentlich geistliches Werk, sondern eine säkulare Komposition auf ein biblisches Sujet, die der Dichter und der Komponist eigens für den geselligen Kreis der befreundeten, musikalisch hochbegabten Schwestern Anna, Barbara, Josefine und Katharina Fröhlich geschaffen haben. Insgesamt also kann man Schuberts geistliches Œuvre wohl eher als im besten Sinne überkonfessionell bezeichnen, ein Œuvre, das möglicherweise eine undogmatische, aufgeklärte und kirchenkritische Religiosität bezeugt, über deren Profil sich allerdings kaum mehr als Vermutungen anstellen lassen.

Neben dem hebräischen Psalm und kleineren Gelegenheitskompositionen aus dem letzten Schaffensjahr sind es vor allem zwei sehr unterschiedliche große Werke, die man zu Schuberts geistlichem Spätwerk zählen muss: die *Deutsche Messe* D 872, in deren erstem Satz er Passagen aus dem Eingangschor der fragmentarischen Oper *Sacontala* D 701 wiederverwendet, und die Es-Dur-Messe D 950. Das erste der beiden Werke war offenbar ein Auftrag seines Textdichters Johann Philipp Neumann (von dem auch der Text zu *Sacontala* stammt), der dem Komponisten dafür jedenfalls im Oktober 1827 den Betrag von 100 Gulden W. W. übermachte. Als Neudichtung jenes Textes, auf dem schon Michael Haydns berühmtes deutsches Hochamt basiert, ist die Schubert'sche Vertonung im Laufe des 19. Jahrhunderts zur wohl beliebtesten Ausprägung des Typus «Singmesse» geworden und stellte, obwohl der Text von der Kirche nicht zum gottesdienstlichen Gebrauch approbiert worden ist, zeitweilig Schuberts populärstes Chorwerk dar. Und die Es-Dur-Messe schließlich, ein Auftragswerk des Kirchenmusikvereins Alsergrund vom Juli 1828, ist Schuberts größte geistliche Komposition überhaupt. Die Grandiosität der *Gloria*- oder *Sanctus*-Partien, die Innigkeit der Fürbitten in den Rahmenteilen, die unerhörte Kühnheit im Umgang mit Chromatik, Mediantik und Enharmonik sowie die souveräne Beherrschung des Kontrapunkts in den beiden Schlussfugen des *Gloria* und des *Credo* sind reifster Schubert'scher Spätstil, und dass gerade die Auseinandersetzung mit der Fugentechnik in diesem Spätwerk Pate für Schuberts Entschluss gestanden haben könnte, am Ende seines Lebens neuerlich eine Unterweisung im Kontrapunkt zu suchen, wird noch zu besprechen sein.

Als Schubert sich in seinem letzten Lebensjahr schließlich, wenige Monate vor der Komposition der Es-Dur-Messe, an ausländische Verlage zu wenden begann, zählte er im Katalog seiner fertigen Werke auch die damals schon gar nicht mehr ganz neue As-Dur-Messe auf. Das geschah im klaren Wissen darum, dass diese zwar keineswegs als gängiger Verlagsartikel in Frage kam, andererseits aber einen Anspruch zu beweisen in der Lage war, der also nicht nur hinter den im selben Atemzug erwähnten großen Opern oder der C-Dur-Sinfonie zu vermuten ist. «Diese letztern Comp.[ositionen] zeige ich nur darum an», so schreibt Schubert im Frühjahr 1828 dem Mainzer Schott-Verlag, «damit Sie mit meinem Streben nach dem Höchsten in der Kunst bekannt sind» (Dok., 495). Das Musiktheater, die große Instrumentalmusik und die sinfonische Messe: Sie also bilden, als das «Höchste in der Kunst», die drei voneinander separierten Wege an die musikalische Öffentlichkeit, die der Komponist zu Lebzeiten mit sehr unterschiedlichen Strategien, aber doch nur im ersten Fall ohne nachhaltigen Erfolg beschritten hat. Und durch alle drei Gattungen verläuft in Schuberts Rückblick eine scharfe Zäsur, die die große Menge der Jugendwerke von den ambitionierten Kompositionen für die Öffentlichkeit trennt.

6. Spätwerk in jungen Jahren

Die großen Liederzyklen

Es ist nun wieder daran zu erinnern, dass ganz unabhängig von den Höhen und Tiefen der Erfahrungen mit allen anderen Gattungen zeitlebens das Lied das konstante Rückgrat von Schuberts Komponieren, vor allem aber auch die Quelle einer stetig anschwellenden Flut von Drucken gebildet hat. Mit Liedern war der Komponist Schubert 1821 auf den Musikalienmarkt getreten, und mit ihnen hatte er seit der Mitte der 1820er Jahre keine Schwierigkeiten mehr, gut zahlende Verleger zu finden. Das mag mit ein Grund dafür gewesen sein, eine Produktions- und Publikationsform auszuprobieren, die zu einigen der folgenreichsten und berühmtesten Kompositionen Schuberts geführt hat: den Liederzyklus. *Die schöne Müllerin* D 795, 1824 als Opus 25 erschienen, und die *Winterreise* D 911, 1828 als Opus 89 gedruckt, sind Kompositionen aus Schuberts reifer Zeit und heben sich aus dem Gesamtwerk schon allein durch ihre Präsentationsform deutlich heraus, aber sie haben Vorläufer in Schuberts eigenem Werk und stehen auch darüber hinaus in einer größeren Gattungstradition.

Schubert hat den Liederzyklus keineswegs erfunden, freilich aber ihm die für die weitere Gattungsgeschichte wirksame Erscheinungsform gegeben. Sehr wahrscheinlich hat er Carl Maria von Webers Liederkreis *Leyer und Schwert* (1814) und sogar mit Sicherheit Beethovens Zyklus *An die ferne Geliebte* op. 98 (1816) gekannt. Vor allem im letztgenannten Werk gelangt die Idee eines zyklischen Zusammenschlusses zu einem Extrem, indem die einzelnen Lieder zäsurlos ineinander übergehen. Das ist bei Schubert in allen Fällen anders. Bei ihm bleibt die Basis auch des Liederzyklus das in sich abgeschlossene Einzellied; für die zyklische Zusammenbindung sorgt dann neben der Textvorlage eine vielfältig motivisch und harmonisch verknüpfte Gesamtdisposition.

Aus Schuberts Jugend ist das Projekt bekannt, systematische Serien von Vertonungen einzelner Dichter in Heften zusammenzufassen. Bei vielen der Goethe- und Schiller-Lieder, doch auch bei Liedern nach anderen Dichtern ist dieser alte Plan bei der Publikation wiederzuerkennen. Oft wurden die gedruckten Liederhefte aber auch nicht nach Autoren, sondern nach thematischen Gemeinsamkeiten der in ihnen enthaltenen Gedichte zusammengestellt. Schubert konnte solche Dichter- und Themen-Liederhefte beispielsweise im Œuvre seines Vorbilds Johann Friedrich Reichardt finden. Noch in späteren Jahren, nach der Entdeckung der Romantiker als Textdichter, sind anfänglich erwogene, aber nicht realisierte Pläne zu solchen Zusammenfassungen zu vermuten: etwa der Gedichte aus Friedrich Schlegels *Abendröte* oder aus den *Hymnen an die Nacht* und den *Geistlichen Liedern* des Novalis. Doch sind Liederhefte, die nach Dichtern oder auch nach Themen geordnet sind, selbst in der klar disponierten Erscheinungsform der *Gesänge des Harfners aus Wilhelm Meister* (op. 12, 1822) oder der *Sieben Gesänge aus Walter Scott's Fräulein vom See* (op. 52, 1825) noch keine Zyklen im strengen Sinn des Wortes. Dieses Kriterium erfüllen wirklich nur die beiden berühmten Wilhelm-Müller-Zyklen, die schon vom Dichter als solche angelegt worden sind.

Der jung verstorbene Dessauer Dichter Wilhelm Müller (1794–1827) ist von der Literaturwissenschaft lange unterschätzt worden. Nicht aber nur Schubert hat seinen eminenten poetischen Rang erkannt, sondern auch Heinrich Heine, der ihn sich für sein *Buch der Lieder* ausdrücklich zum Vorbild nahm. Es dürfte daher wohl kaum ein Zufall sein, dass Schubert nach der Beschäftigung mit Müller in den letzten Monaten seines Lebens gerade Heine als Textdichter für sich zu entdecken begann. *Die schöne Müllerin* ist ein Liederkreis, der auf einem durchgehenden narrativen Faden beruht, da die Anordnung der Gedichte das Erwachen, die kurze Erfüllung und den tragischen Ausgang einer Liebesgeschichte erzählt. Musikalisch gestaltet Schubert dies etwa in dem symbolisch zu deutenden Einfall, den Zyklus in B-Dur beginnen und auf der diametral gegenüberliegenden Seite des Quintenzirkels in E-Dur schließen zu lassen – mit einer Traurigkeit, die wohl erst Schubert den Dur-Tonarten als neuen Ausdrucksbereich erschlossen hat. In der *Winterreise* hingegen ist das Scheitern der Liebe schon der Ausgangspunkt der Narration: Ihr folgt das bereits im ersten Lied einsetzende ziellose und unbehauste Wandern des leidenden Individuums, und einen tödlichen Ausgang der Geschichte wie im Vorläuferwerk gibt es nicht, insofern auch keine romantische Erlösung mehr. So ist hier, vom ersten und vom letzten Gedicht abgesehen, die Anordnung der Gedichte auch nicht zwingend, denn die ziellose Wanderschaft bildet keine gerade Linie, sondern buchstäblich einen ausweglosen Kreis. Daher konnte auch die merkwürdig unterbrochene Entstehungsgeschichte von Schuberts *Winterreise*, obwohl sie zu unabsichtlicher Permutation von Müllers endgültiger Disposition geführt hat, dem Gesamteindruck nicht schaden: Schubert hatte zunächst im Februar 1827 zwölf Gedichte der Müller'schen *Winterreise* in einem Almanach gefunden und sie sogleich vertont; erst im Herbst 1827 entdeckte er in der Büchersammlung seines Freundes Schober den vom Dichter erweiterten und neu angeordneten Gesamtzyklus von 24 Liedern in Müllers *Gedichten aus den hinterlassenen Papieren eines reisenden Waldhornisten* und vertonte die zwölf noch fehlenden Gedichte ebenfalls, während die erste

Hälfte sich bereits beim Verlag befand. Weil Müller trotz der Umdisposition auch in der neuen Fassung das Gedicht *Gute Nacht* am Beginn des Zyklus gelassen hatte, tangieren die geringfügigen internen Abweichungen in Schuberts Anordnung den losen narrativen Faden nicht. Entscheidend ist nur, dass auch in Schuberts Zyklus das neu hinzugekommene Lied *Der Leiermann*, wie bei Müller, den Abschluss bildet. Diese Entstehungsgeschichte erklärt auch, warum sich in der ersten Hälfte der *Winterreise* sehr leicht motivische Verknüpfungen zwischen den Liedern nachweisen lassen, bisweilen sogar recht auffällige wie die Triolen in Nr. 4 und Nr. 5 oder das am Beginn von Nr. 6 wiederkehrende Motiv aus dem Mittelteil von Nr. 5, in der zweiten Hälfte hingegen kaum.

In den beiden Müller-Zyklen ist Schuberts Liedkunst auf einen einsamen Gipfel gelangt. Die Merkmale «des» Schubert-Liedes, wenn es sie denn in typisierbarer Weise gibt, lassen sich hier besonders eindrucksvoll studieren. Vor allem zeigt sich, welche Variationsbreite Schubert dem Modell des Strophenliedes durch harmonische Vertiefung und strukturelle Komplikation abzugewinnen vermag. Gleich das Eingangslied der *Winterreise*, mit d-Moll in derselben Tonart wie das düstere Streichquartett D 810 verankert, demonstriert mit seinem überwältigenden Umschlagen nach D-Dur in der vierten Strophe, dem der finale Rückfall ins trostlose Moll auf dem Fuße folgt, ein weiteres Personalstilmerkmal, das in allen großen Kompositionen der späten 1820er Jahre als harmonisches Changieren unerhörte Wirkungen erzeugt. Weiterhin zeigt gerade dieses Lied die Technik des Arbeitens mit einem «Erfindungskern», wie dieses Vorgehen einmal sehr passend genannt worden ist, der als in Achteln schreitender Wanderrhythmus das gesamte Lied grundiert, aber keineswegs als simple Tonmalerei erscheint, sondern im Sinne eines unablässigen Strebens und Ziehens eine geradezu symbolische Qualität gewinnt. So ist es auch in dem verstörenden Schlusslied, *Der Leiermann*, in dem die leere Bordunquinte der Drehleier vordergründig zwar aus dem anschaulichen Bild gewonnen wird, durch ihre ostinate Beibehaltung aber dem Stück einen motivisch-harmonischen Minimalismus mitteilt, der in seiner Radikalität in der Musik der gesamten Epoche ohne jedes Beispiel ist. Es handelt sich, was man übrigens auch schon von Müllers Textvorlagen sagen kann, um ausgefeilte und durchorganisierte Kunstgebilde, und es ist bezeichnend, dass Lieder wie *Das Wandern ist des Müllers Lust* oder *Der Lindenbaum* später nur in der melodischen Neufassung oder in der verharmlosenden Bearbeitung durch andere Komponisten zu Volksliedern geworden sind.

Einiges spricht dafür, dass Schubert und viele seiner Freunde die Metternich-Ära als epochale Eiszeit empfunden haben. Die Trostlosigkeit der *Winterreise* hat in diesem Sinne durchaus auch eine politische Dimension: als musikalische Imagination eines ausweglosen Zustands von lastender Dauer und unlösbarer Erstarrung. Dass Schubert den Gestus Wilhelm Müllers dann bei Heinrich Heine wiederfand, ist nur folgerichtig. In seinen großen Vertonungen von Heine-Gedichten reagiert er nicht, wie später Schumann, auf deren feine Ironie, sondern auf den tragischen Sarkasmus jener existentiellen Verunsicherung, die man in der Literaturwissenschaft treffend als «Weltschmerz» bezeichnet hat. Schon die erste Hälfte der *Winterreise* hatte Schubert seinen betroffen reagierenden Freunden als «einen Zyklus schauerlicher Lieder» angekündigt (Erinn., 161); für die Heine-Lieder trifft diese Charakteristik kaum weniger zu. Sicherlich hat Schubert einen größeren Heine-Zyklus geplant, sein Verleger Tobias Haslinger hat dann jedoch die sechs hinterlassenen Heine-Lieder mit sieben weiteren nach Ludwig Rellstab und der abschließenden *Taubenpost* nach Johann Gabriel Seidl (D 965A) zu einem Liederheft zusammengefasst und dieses bei der posthumen Publikation eigenmächtig als *Schwanengesang* (D 957) bezeichnet.

Winterreise und *Schwanengesang* können als artifizielle Dokumente einer tiefen Desillusionierung verstanden werden. Umso mehr wohl bedurfte die souveräne ästhetische Verfügung über Weltschmerz und Erschütterung für Schubert, der in seinen letzten Jahren häufig im Weinhaus Lenkay oder im Café Bogner in der Singerstraße anzutreffen war, des gelebten Ausgleichs in Freundschaft und Geselligkeit.

Kompositorisches Neuland und letzte Projekte

Von einem «Spätwerk» Schuberts mit derselben emphatischen Bedeutung zu sprechen, wie sie etwa für Bach oder für Beethoven diskutiert worden ist, geht natürlich nicht an; «spät» sind die letzten Werke dieses früh Verstorbenen nur in einem rein chronologischen Sinn. Und doch gelangt in ihnen etwas zu gültiger Ausprägung, was als Resultat langen experimentierenden Reifens bezeichnet werden kann und ein völlig neues kompositorisches Bewusstseinsniveau erkennen lässt. Eine einigermaßen klare Zäsur, wie sie sich bei Beethoven erwägen ließe, sucht man hier freilich vergebens. Spätestens seit dem entscheidenden Frühjahr 1824 befand sich Schuberts musikalisches Denken auf einer inkommensurablen Höhe und zugleich in einer kreativen Kontinuität, die dem ohnehin nur in chronologischer Hinsicht zutreffenden Begriff des «Spätwerks» aus heutiger Sicht weniger die Konnotation von ruhiger Sichtung und abklärender Bilanz als vielmehr die Züge einer überwältigend produktiven Aufbruchsstimmung verleiht.

Das letzte Lebensjahr brachte durchaus erfreuliche Ereignisse und, vor allem, einen ersten großen Erfolg in der Öffentlichkeit Wiens, auf den Schubert so systematisch hingearbeitet hatte. Im September 1827 konnte er den langgehegten Plan zum Besuch des Grazer Freundeskreises realisieren. In Graz habe er «seit langer Zeit die vergnügtesten Tage verlebt» (Dok., 452), ließ er seine Gastgeberin Marie Pachler nachträglich wissen; die Hoffnung, mit Hilfe der Grazer Freunde vor Ort etwas für seine Oper *Alfonso und Estrella* tun zu können, zerschlug sich jedoch. Möglicherweise hat dies zur Intensivierung der Arbeit an der im Juni 1827 begonnenen Oper *Der Graf von Gleichen* D 918 geführt, die aber den Schriftbefunden zufolge spätestens im Frühjahr 1828 endgültig wieder liegen gelassen wurde. In diesem Frühjahr 1828 aber nun sah sich Schubert endlich in der Lage, jenes Projekt zu verwirklichen, das er Kupelwieser gegenüber im März 1824 anvisiert hatte: ein öffentliches Konzert auf eigene Rechnung und nur mit eigenen Werken. Dieses «Privatkonzert», für das Schubert am 26. März 1828 – wohl zufällig, aber doch bedeutsam, dem ersten Todestag Beethovens – den Saal der Gesellschaft der Musikfreunde unentgeltlich zur Verfügung erhielt, war zwar kein Sinfoniekonzert wie das Vorbild der Beethoven'schen Akademie vom Mai 1824, aber es brachte, unter Beteiligung vieler bekannter Musiker Wiens, ein abendfüllendes Programm mit Liedern und Kammermusikwerken ausschließlich «von der Composition des Concertgebers» (Dok.[2], 412). Nicht zuletzt das *Ständchen* D 920, ein klavierbegleitetes Chorwerk auf einen Text Grillparzers und von Anfang an eines der beliebtesten Werke Schuberts überhaupt, sorgte für den Erfolg dieses Konzerts. Im Tagebuch des zum Schubert-Kreis gehörenden Franz von Hartmann findet sich der einzige dokumentierte, freilich enthusiastische Reflex, der auch die Nachfeier nicht unerwähnt lässt: «Wie herrlich das war, werde ich nie vergessen. Sehr freute es mich auch, die Schallhammer- und Witteczekischen da zu sehen. Zur Schnecke [= das damalige Stammlokal des Freundeskreises, gelegen an der Ecke Graben/Petersplatz], wo wir bis 12 Uhr jubelten» (Dok., 504). Der finanzielle Erfolg des Konzerts war mit 800 Gulden W. W. für eine erste Unternehmung dieser Art nicht unbeträchtlich; Schubert konnte es sich nun leisten, «die Rolle des Krösus» zu spielen und seinen Freund Bauernfeld in die teuren Konzerte des in Wien gerade Furore machenden Niccolò Paganini einzuladen, weil er «jetzt Geld wie Häckerling» habe (Erinn., 261).

Zu den großen Werken der letzten Jahre zählen diverse Kammermusik- und Klavierwerke, die Liederzyklen nach Müller und Heine sowie die Es-Dur-Messe, zu den unvollendet gebliebenen Projekten vor allem die Oper *Der Graf von Gleichen* und eine große D-Dur-Sinfonie. Eine der vielen Besonderheiten dieser letzten Zeit ist die gezielte Erarbeitung jener Gattungen, die sich bis dahin in Schuberts Œuvre nicht fanden. In der Kammermusik sind dies die beiden Klaviertrios D 898 und D 929, für die es im Jugendwerk allenfalls den fragmentarischen Vorläufer D 28 gibt, und als letztes vollendetes Großwerk überhaupt das C-Dur-Streichquintett D 956 aus dem Herbst 1828. Für das Quintett, das einerseits an die große Streichquartettserie anknüpft, andererseits aber die bewusste Erweiterung der Besetzung bekundet, ist kein Anlass bekannt. Mit dem Einsatz zweier Celli (statt zweier Bratschen) weicht es auffällig von dem durch Mozart und Beethoven vorgegebenen Gattungsmodell ab; ob Schubert die mit zwei Celli besetzten Werke Luigi Boccherinis kannte, weiß man nicht. Es ist eines jener großen, Monumentalität der äußeren Dimensionen mit innigster Versenkung paarenden Werke, mit denen der Komponist, für die Musikgeschichte folgenreich, die Charakteristik der strahlend-reinen Tonart C-Dur unendlich vertieft und bereichert hat. Die Klaviertrios wurden von Schubert, obwohl beide erst posthum erschienen, noch zu Lebzeiten in den Druck gebracht. Unter ihnen weist besonders das im November 1827 begonnene Es-Dur-Trio im Kopfsatz eine Eigenschaft auf, mit der Schubert als Pionier weit in das 19. Jahrhundert hineingewirkt hat: Die Exposition der weiträumigen Sonatenform entwickelt sich, wie oft bei ihm und übrigens auch im Streichquintett, über drei harmonische Stationen hinweg, von denen die mittlere wie üblich eine mit der Tonika terzverwandte Tonart ist. In diesem Falle aber kommt noch hinzu, dass diese Mediante, hier die Großterz unter der Tonika Es-Dur, eigentlich als ces-Moll notiert sein müsste, jedoch sofort als h-Moll – also auf der Kreuztonartenseite des Quintenzirkels – weitergeführt wird. Erst sehr spät und auf großen Umwegen wird dann das erwartete dominantische B-Dur erreicht. Ein solches enharmonisches Verwirrspiel, das die Modulationsrichtung absichtsvoll verschleiert, war bis dahin in der klassischen Sonatenexposition aus verständlichen Gründen ein absolutes Tabu, denn es nivelliert oder entdramatisiert die klare formkonstitutive dominantische Polarität (so wie dies die Schubert'sche Drei-Tonarten-Exposition ohnehin schon tut). Es fällt auf, dass Schubert dieses enharmonische Expositionsverfahren, das etwa auch die letzte Klaviersonate D 960 prägt, stets nur bei Beteiligung des Klaviers riskiert, das ja von Intonationsproblemen unbehelligt bleibt. Als «poetische Idee» des in Schuberts «Privatkonzert», also an Beethovens Todestag, erstmals öffentlich aufgeführten Es-Dur-Trios ist in der jüngeren Forschung mit plausiblen Argumenten der «Abschied von Beethoven» zur Diskussion gestellt worden. In den langsamen Satz integriert

Schubert zudem, vielleicht als Hommage an seinen in Schweden geborenen Freund Schober, ein schwermütiges, trauermarschartiges schwedisches Lied – ausnahmsweise einmal kein eigenes –, dessen zweimalige Wiederkehr im Finalsatz das gesamte Werk als hochambitionierte zyklische Konzeption in fast übergroßen Dimensionen kennzeichnet (für den Druck hat Schubert dieses Finale denn auch erheblich gekürzt).

Zur selben Zeit experimentierte Schubert in der Lied-Gattung mit neuartigen, auf den Konzertvortrag zielenden Besetzungen: So ist die Rellstab-Vertonung *Auf dem Strom* D 943, die erstmals in Schuberts «Privatkonzert» erklang, für Singstimme, Horn und Klavier geschrieben, und im für die inzwischen in Berlin wirkende Sopranistin Anna Milder komponierten großen Lied *Der Hirt auf dem Felsen* D 965 (von Schubert aus Gedichtstrophen von Wilhelm Müller und Karl August Varnhagen von Ense kompiliert) wird neben der klavierbegleiteten Singstimme eine im Schlussteil geradezu virtuos geführte obligate Klarinette eingesetzt. Auch unter den Klavierwerken finden sich neue, eigentlich erst durch Schubert berühmt gewordene Gattungen: die sechs *Moments Musicaux* D 780, die 1828 bei Sauer & Leidesdorf als Opus 94 erschienen, und die zweimal vier *Impromptus* D 899 und D 935, deren erste Nummern schon 1827 als Opus 90, deren zweites Heft allerdings erst posthum (1839) mit der hohen Opuszahl 142 gedruckt wurde. Den in der Gattungsgeschichte des lyrischen Klavierstücks so folgenreichen Titel hat wahrscheinlich der Verleger des Opus 90, Tobias Haslinger, vorgeschlagen; erstmals war er 1822 von dem jung verstorbenen, in Wien als Hoforganist wirkenden Böhmen Jan Vaclav Voříšek (1791–1825) verwendet worden. Eine weitere, ähnlich angelegte Sammlung von drei Klavierstücken (D 946, Mai 1828) erschien erst 1868, wurde vom Herausgeber, keinem Geringeren als Johannes Brahms, aber nicht *Impromptus* genannt. Die großen Gattungen der Klaviermusik bedachte Schubert mit der im September 1828 entstandenen Trias der Sonaten in c-Moll, A-Dur und B-Dur (D 958–960), die er dem berühmten Klaviervirtuosen Johann Nepomuk Hummel zu widmen gedachte. In ihren Kopfsätzen treibt Schubert sein Durchführungsverfahren der assoziativen Melodiefortspinnung zu einem Extrem, das geradezu als «synthetische» Alternative zur «analytischen» Motivarbeit der Klassiker gelten kann: Statt die Themen der Exposition in ihre Bestandteile zu zerlegen, werden aus ihren Motivsplittern unablässig neue Gestalten generiert. Die unvergleichliche f-Moll-Fantasie D 940 aus dem Frühjahr 1828 erschien kurz nach Schuberts Tod mit der noch von ihm selbst vergebenen Opusnummer 103 und mit einer Widmung an seine Klavierschülerin Caroline Eszterházy, in die er – angesichts der Standesunterschiede aussichtslos – verliebt gewesen ist. Neben der schon früher, und zwar im Sommer 1824 in Zseliz, wohl ebenfalls für Caroline Eszterházy komponierten großen C-Dur-Sonate D 812 (1837 mit dem Titel *Grand Duo* gedruckt) ist diese Fantasie, die wie die 1822 erschienene *Wandererfantasie* oder die Violinfantasie D 934 einen Zyklus aus vier nahtlos ineinander übergehenden Sätzen bildet, das größte Werk, das Schubert für Klavier zu vier Händen hinterlassen hat. Als Charakteristikum der allerletzten Schaffensphase entfaltet das Finale der Fantasie eine ebenso gewaltige wie frei angelegte Fuge, die gegen Ende in den für Schuberts Dramaturgie typischen Abbruch auf einer schrillen Dissonanz mit anschließender Generalpause mündet. Nach diesem katastrophischen End- und Höhepunkt kehrt, mit unbeschreiblich anrührender Wirkung, das leise Eröffnungsthema der Fantasie wie eine wehmütige Erinnerung zurück und wird durch das Nadelöhr einer der schmerzlichsten dissonanten Schlusskadenzen in Schuberts gesamtem Klavierwerk gezwängt.

Auch bei dem in drei unterschiedlich weit gediehenen Sätzen angelegten Entwurfsfragment der D-Dur-Sinfonie D 936A, an dem Schubert wahrscheinlich seit dem Sommer 1828 arbeitete, mündet der dritte Satz in eine ausgedehnte Fuge mit finaler Übereinanderschichtung der Hauptthemen. Offensichtlich war Schubert also am Ende mit der Idee einer neuartigen Integration kontrapunktischer Techniken in instrumentalmusikalische Zyklen beschäftigt. Ob ihn die Fugen im Spätwerk Beethovens, sein für die späten Jahre bezeugtes Interesse an Bachs *Wohltemperiertem Klavier* oder die in den letzten Lebensjahren ausgebrochene Begeisterung für Händel dazu angeregt haben, lässt sich kaum entscheiden. Einen gewissen Zwang zur neuerlichen Auseinandersetzung mit dem Kontrapunkt hatten im eigenen Werk auch die beiden großen Fugen der Es-Dur-Messe auf ihn ausgeübt. Jedenfalls dürfte wohl ein Zusammenhang mit dem Entschluss Schuberts bestehen, gemeinsam mit seinem gleichaltrigen Freund Wolfgang Joseph Lanz (1797–1873) Kontrapunktstunden bei Simon Sechter zu nehmen, der schon damals in Wien als Autorität auf diesem Gebiet galt und ein Vierteljahrhundert später von keinem Geringeren als Anton Bruckner um Unterweisung gebeten wurde. Dem erst kürzlich wieder aufgefundenen Erinnerungsbericht von Lanz zufolge hat dieser den Freund durch hartnäckige Argumentation von den Vorteilen eines neuerlichen Kontrapunktkurses überzeugt. Zweifellos hat die Absicht bestanden, die Lücken des lange zurückliegenden Unterrichts bei Salieri systematisch zu schließen, um so eine neue Souveränität im Umgang mit kontrapunktischen Techniken zu erwerben – kaum auszudenken, was das für Schuberts weitere Stilentwicklung bedeutet hätte. Doch konnte Schubert nur noch die erste Lektion am 4. November wahrnehmen; danach brach die tödliche Krankheit aus.

Im Spätsommer war Schubert aus der Inneren Stadt, in der er wieder einmal bei Schober gewohnt hatte, zu der Familie seines Bruders Ferdinand in die südliche Vorstadt Wieden gezogen (heute 4. Bezirk, Kettenbrückengasse 6). Da er den Umzug nur als Übergangslösung angesehen hatte, um der Sommerhitze der eng bebauten Innenstadt zu entfliehen, ließ Schubert den Großteil seiner Manuskripte bei Schober zurück. Es ist eine bittere Ironie der Geschichte, dass der wohl auf ärztliches Anraten erfolgte Wohnungswechsel das Gegenteil der erhofften gesundheitlichen Stabilisierung bewirkte: Die mangelhaften hygienischen Verhältnisse in den Neubauvierteln der Wiener Vorstädte führten zu jener Infektion, für die man in der Forschung am plausibelsten die nachträgliche Diagnose eines Typhus abdominalis zur Diskussion gestellt hat. Die letzte Arbeit, die Schubert auf dem Krankenlager noch beschäftigte, hat vermutlich den Korrekturfahnen der *Winterreise* gegolten. Über Schuberts

Lektüre auf dem Sterbebett weiß man aus seinem letzten Brief an Schober Bescheid, in dem er seine Begeisterung über James Fenimore Coopers *Der letzte der Mohikaner* vermeldet und um weitere Romane dieses Schriftstellers bittet, dessen gerade erst ins Deutsche übersetzte *Lederstrumpf*-Serie um diese Zeit übrigens selbst im Hause Goethe diskutiert wurde. Viele der Freunde, darunter auch Schober, unterließen aus Furcht vor Ansteckung den Besuch am Krankenbett; höchstwahrscheinlich allerdings wurde von niemandem, auch von Schubert selbst nicht, die Krankheit als dermaßen dramatisch eingeschätzt, weshalb er auch kein Testament aufsetzte. Das Ende kam daher am 19. November 1828 mit seiner schweren Fieberkrise eher überraschend, und den Ausschlag für den letalen Verlauf dürfte Schuberts durch die Quecksilbertherapien der vergangenen Jahre vorgeschädigte Konstitution gegeben haben.

Dem kirchlichen Sterbeprotokoll zufolge erhielt Schubert «bloß die letzte Ölung» (Dok., 552); ob er das Abendmahl verweigert hat oder lediglich zu dessen Empfang nicht mehr in der Lage war, ist unbekannt. Am 21. November wurde der Leichnam eingesegnet und auf dem Währinger Friedhof, dicht bei der Grabstätte Beethovens, beigesetzt. Die Reaktionen der Familie und der Freunde zeugen, soweit sie dokumentiert sind, von tiefer Trauer, bei einzelnen wie Schwind sogar von fassungsloser Verzweiflung. Am 23. Dezember 1828 fand in der Augustinerkirche, eben jener prominenten Hof- und Pfarrkirche, in der die F-Dur-Messe des Siebzehnjährigen ihre erste innerstädtische Aufführung erfahren hatte, eine Trauerfeier mit einem doppelchörigen Requiem des Freundes Anselm Hüttenbrenner statt. Mehrere Nachrufe bezeugen eindrucksvoll das Ansehen, das Schubert zu der Zeit bereits erlangt hatte, und die Grabinschrift, die Franz Grillparzer entwarf, gibt etwas von dem Schock über die Plötzlichkeit des Verlusts wieder, obwohl sie, wie Robert Schumann später zu Recht monierte, fast zu wenig Gewicht auf die damals freilich noch gar nicht überschaubare Fülle des Erreichten legte: «Die Tonkunst begrub hier einen reichen Besitz, / Aber noch viel schönere Hoffnungen» (Dok., 580).

Spätes Selbstbewusstsein: Schubert und die Verleger

Rekapituliert man Schuberts Plan eines systematisch zu beschreitenden Weges zur «großen Sinfonie», wie er ihn 1824 in seinem Brief an Kupelwieser entworfen hatte, dann wird man konstatieren müssen, dass dieser vordergründig – im Hinblick auf die angezielte öffentliche Aufführung einer Sinfonie – zwar gescheitert, untergründig aber – im Sinne des endgültigen Durchbruchs Schubert'scher Instrumentalmusik zu öffentlicher Wahrnehmung – doch gelungen ist. Nicht zuletzt hat der fatale Umstand, dass Schubert nach der Niederschrift des Briefs an Kupelwieser nur noch viereinhalb Jahre an Lebenszeit vergönnt gewesen sind, den triumphalen Zieleinlauf verhindert. Doch sind die in diesen gut vier Jahren auf der geplanten Strecke noch abgeschrittenen Wegmarken des jungen Komponisten imposant genug, und der Lebensentwurf des «freischaffenden Komponisten» ist zu ungefährdeter Realität geworden.

Das lässt sich an dem Umstand ablesen, dass Schuberts Werke von einem gewissen Zeitpunkt an das Interesse der Verleger zu erregen begannen, zuletzt sogar im deutschsprachigen Ausland. Man muss sich vor Augen führen, dass Schubert zu Lebzeiten für seine gedruckten Werke nicht weniger als 106 Opus-Nummern vergeben hat; das ist kaum weniger als bei dem immerhin ein Vierteljahrhundert älter gewordenen Beethoven. Und hinter jeder Opus-Zahl steht ein nicht unbeträchtliches Honorar, für dessen Höhe freilich in den meisten Fällen nur Schätzungen möglich sind. Damit verfügte Schubert in seinen letzten Jahren über ein jährliches Durchschnittseinkommen von gegen 800 Gulden C. M., das man durchaus demjenigen des Vize-Hofkapellmeisters hätte an die Seite stellen können, wenn nicht die enormen Schwankungen dieses Geldstroms eine halbwegs kalkulierbare Haushaltsführung nahezu unmöglich gemacht hätten. Zum Schluss wurde sogar, wie sich noch zeigen wird, ein planvolles Profil der Opus-Zählung sichtbar, während die meisten der früheren Zahlen sicherlich den Zufälligkeiten der Nachfrage und dem Tempo der Druckherstellung zu gehorchen hatten. Eben deshalb aber, weil sich an der Opus-Zählung erstens schon zu

Schuberts Lebzeiten nicht die Entstehungschronologie der Werke ablesen lässt und zweitens sich die Zufälligkeit der Zählung, je nach den Zugriffsmöglichkeiten der Verleger auf den reichen Nachlass, noch lange Jahre nach Schuberts Tod fortgesetzt hat, ist man im 20. Jahrhundert von der Zitierung der Werke Schuberts nach Opus-Zahlen abgekommen und rekurriert auf die Katalognummern des chronologisch angelegten Werkverzeichnisses.

So selbstbewusst Schubert am Ende seines Lebens mit Verlegern zu verhandeln pflegte, so weit war er zu Beginn von solchem Verhalten noch entfernt. Den ersten Kontakt des Komponisten mit dem Wiener Musikalienmarkt haben 1821 die Freunde organisiert, und schon vorher war es ein älterer Freund und Mentor, Joseph von Spaun, gewesen, der 1816 die Initiative ergriffen und eine kalligraphisch zusammengestellte Auswahl von Schuberts Goethe-Vertonungen – wie gesagt erfolglos – an den Weimarer Dichterfürsten gesandt hatte. Es waren, kaum verwunderlich, Lieder, mit denen der Komponist Schubert auf den Markt trat: Im April 1821 brachten seine Freunde Joseph Hüttenbrenner und Leopold Sonnleithner die beiden Goethe-Lieder *Erlkönig* und *Gretchen am Spinnrade* als Schuberts Opus 1 und Opus 2 im Verlagshaus Cappi & Diabelli unter, allerdings so, dass der Verleger die Werke nur in Kommission vertrieb und das finanzielle Risiko bis zur Amortisation der Vorfinanzierung beim Komponisten verblieb. Vermutlich ist die für diese Zeit sehr ungewöhnliche Nobilitierung des Einzelliedes zu einem Opus denn auch gar nicht auf eine neuartige werkhafte Lied-Ästhetik, sondern simpel und pragmatisch auf die möglichste Minimierung des finanziellen Risikos bei dieser Kommissionärsunternehmung zurückzuführen. Denn schon im weiteren Verlauf des Unternehmens erschienen sehr rasch bis in das Jahr 1822 hinein Hefte, die nun zwischen drei und fünf Lieder enthielten, bei fortlaufender Opus-Zählung weiterhin bei Cappi & Diabelli und jeweils nach demselben Muster in Kommission. Erst mit den drei Goethe-Liedern Opus 19, erschienen im Juni 1825, rückte der Verlag von diesem Geschäftsprinzip ab und übernahm das Risiko auf eigene Rechnung – ein untrügliches Indiz für den zunehmenden Markterfolg des Produktes «Schubert-Lied». Vorher schon hatte freilich im selben Verlag der Erfolg Schuberts mit Kompositionen anderer, aber ebenfalls sehr marktgängiger Gattungen eingesetzt: *Original-Tänze* (36 Walzer in zwei Heften) für Klavier Opus 9 (November 1821), *Acht Variationen über ein französisches Lied* für Klavier zu vier Händen Opus 10 (April 1822) und drei Männer-Vokalquartette Opus 11, unter ihnen das von Anfang an beliebte *Dörfchen* D 598 (Juni 1822). Von Diabelli wurde Schubert auch, symptomatisch für seinen inzwischen erlangten Ruf, neben weiteren 50 österreichischen Komponisten zur Beteiligung an jenem gemeinschaftlichen «vaterländischen» Variationenwerk eingeladen, zu dem er 1821 den Walzer D 718 beisteuerte, während Beethovens Beitrag sich zum letzten großen Klavierwerk des Komponisten, den *Diabelli-Variationen* op. 120, verselbständigte. Einen ersten wirklich großen Coup konnte Schubert, ebenfalls noch bei Cappi & Diabelli, landen, als er im Februar 1823 seine große viersätzige C-Dur-Klavierfantasie D 760, die unter dem apokryphen Beinamen *Wandererfantasie* rasch berühmt geworden ist, als Opus 15 drucken lassen konnte – ein Erfolg, hinter dem als Financier allerdings höchstwahrscheinlich der Widmungsträger Emanuel von Liebenberg de Zsittin, ein adeliger Klavierschüler Johann Nepomuk Hummels, gestanden hat. Die Verlagsanzeige in der *Wiener Zeitung* stellte dieses fulminante Virtuosenwerk «den ähnlichen Werken der ersten Tonsetzer würdig zur Seite» (Dok.[2], 151): Schubert war spätestens jetzt in Wien kein Unbekannter mehr. Wohl nicht zufällig hat er genau zu diesem Zeitpunkt den vorübergehenden Bruch mit dem Verlagshaus Diabelli riskiert, von dem er sich aus nicht geklärten Gründen übervorteilt fühlte. Als er wenig später wieder zu diesem Verlag zurückkehrte, ohne indessen fortan auf Alternativen zu verzichten, muss dies bereits auf neuer und günstigerer Geschäftsgrundlage geschehen sein.

Widmungen wie diejenige der *Wandererfantasie* waren neben dem Verlagshonorar die wichtigste Einnahmequelle. Deshalb wurden in der Regel die Widmungsträger sorgfältig nach gesellschaftlichem Rang und finanzieller Potenz ausgesucht. Die dafür notwendigen Anfragen hätten Schuberts soziale Möglichkeiten weit überschritten; auch hier wieder war die Vermittlung der Freunde, vor allem wohl Sonnleithners, ausschlaggebend. Und zwar ganz offensichtlich mit Erfolg: Tatsächlich finden sich unter den Dedikationen nicht wenige Angehörige der Hocharistokratie wie Ferdinand Graf Pálffy, Erzherzog Rudolph, Zar Nikolaus I. von Russland, Mathilde Fürstin zu Schwarzenberg oder Karoline von Kinsky, aber auch Namen von musikkundigen Gönnern, mit denen Schubert tatsächlich Umgang pflegte, wie Moritz Graf von Dietrichstein (gleich beim Opus 1, dem *Erlkönig*), Angehörige der Grafenfamilie Eszterházy oder Ignaz Edler von Mosel – wobei etwa Pálffy, Dietrichstein oder Mosel für den jungen Opernkomponisten vor allem als Inhaber einflussreicher Positionen in der Wiener Theaterverwaltung von Interesse waren. Jedenfalls zeigen solche – meist sehr lukrativen – Widmungen die zunehmende Wahrnehmung und Wertschätzung Schuberts auch in Adelskreisen und indizieren einmal mehr die im Bereich der Musikausübung, aber auch nur dort, zu beobachtende soziale Durchlässigkeit der Wiener Gesellschaft.

Es fällt aber auf, dass Schubert zunehmend auch Freunde und bewunderte Künstler in seine Dedikationen einzuschließen begann. So ist dem um Schuberts Lieder verdienten Sänger Carl Freiherrn von Schönstein der Liederzyklus *Die schöne Müllerin* (op. 25, 1824) gewidmet, dem Sänger Johann Michael Vogl bereits das Liederheft Opus 6 (August 1821), dem Geiger Ignaz Schuppanzigh das von ihm aufgeführte a-Moll-Streichquartett Opus 29 (Dezember 1824) oder dem Pianisten Carl Maria von Bocklet die D-Dur-Klaviersonate Opus 53 (April 1826). Die ohne Reaktion gebliebene Widmung des Liederheftes Opus 19 an Goethe (Juni 1825) wurde bereits an früherer Stelle erwähnt, und schon sein erstes anspruchsvolles Klavierwerk, die Variationen Opus 10 (April 1822), hatte Schubert dem verehrten Beethoven zu widmen gewagt – auch hier ist keine Reaktion dokumentiert, und diese Widmung ist auch die einzige an Beethoven geblieben.

Lieder, vokale Ensemblesätze und pianistische Gesellschaftsmusik (wie Tänze oder vierhändige Literatur) dominieren den frühen Opus-Katalog geradezu auffällig, und 1825 waren sogar gut verwendbare kleinere Kirchenwerke wie das *Tantum ergo* D 739 oder die kleine vierte Messe D 452 dabei (während die *Deutsche Trauermesse* D 621 mit dem Wissen des Komponisten unter dem Namen seines Bruders Ferdinand 1826 als dessen Opus 2 erschien). Um so mehr ist hervorzuheben, dass sich große und nicht eben leicht verkäufliche Instrumentalwerke in regelmäßigen und allmählich immer enger werdenden Abständen dazwischenschieben: die bereits erwähnte *Wandererfantasie* als Opus 15 (1823), das a-Moll-Quartett als Opus 29 (1824), die vierhändige Klaviersonate in B-Dur D 617 als Opus 30 (1823), die a-Moll-Klaviersonate D 845 als *Première Grande Sonate* Opus 42 (1826), die D-Dur-Sonate D 850 als *Seconde Grande Sonate* Opus 53 (1826), die G-Dur-Sonate D 894 als Opus 78 (1827), das Konzertrondo für Violine und Klavier in h-Moll D 895 als Opus 70 (1827) und am Ende seines Lebens die beiden großen Klaviertrios Opus 99 und 100 sowie die grandiose f-Moll-Fantasie für Klavier zu vier Händen (op. 103). Die zu Lebzeiten erfolgte Publikation dreier großer Klaviersonaten, jeweils als einzelnes Werk, zeigt deutlich einen Plan an: die Bildung eines profilierten Repertoires in Gattungsserien. Drei weitere große Sonaten (D 958–960), die Schubert mit einer Widmung an den berühmten Klaviervirtuosen Johann Nepomuk Hummel versehen wollte, hatte er kurz vor seinem Tod fertiggestellt und bereits in briefliche Verlagsangebote integriert; sie wurden aber erst 1839, nun vom Verleger mit einer Widmung an Robert Schumann versehen, gedruckt.

Was bei den Klaviersonaten erfolgreich begonnen hatte und sich dann auch bei den Klaviertrios abzuzeichnen begann – Serien prominenter Gattungen vorzulegen wie im Œuvre Haydns, Mozarts oder Beethovens –, versagte bei den Streichquartetten aus unbekannten Gründen. Dabei hatte es, wie dargestellt, ausgerechnet auf diesem Sektor gut begonnen: Schuppanzigh hatte das a-Moll-Quartett D 804, das erste der im Brief an Kupelwieser angekündigten Serie, in einem seiner Abonnementskonzerte 1824 aufgeführt, und der Verlag Sauer & Leidesdorf hatte es noch im selben Jahr gedruckt – und zwar als Opus 29, Nr. 1.

Auf der Titelseite dieses Drucks sind zwei weitere Quartette als Nr. 2 und 3 angekündigt, und drei Quartette nennt Schubert auch im Brief an Kupelwieser (von denen er um diese Zeit zwei vollendet hatte). Aus diesem Projekt ist aus völlig unbekannten Gründen nichts geworden; die anderen beiden großen Quartette mussten nach Schuberts Tod unterschiedlich lange auf ihre Publikation warten: Das d-Moll-Werk erschien schon 1831 als *Œuvre posthume* bei Joseph Czerny, dasjenige in G-Dur erst 1851 als Opus 161 bei Diabelli.

Damit ist die lange Geschichte der posthumen Publikation Schubert'scher Werke angesprochen. Es ist für die Rezeptionshistorie einzelner Gattungen entscheidend, nicht nur das Datum ihrer Komposition zu kennen, sondern vor allem auch den Zeitpunkt ihres Eintritts in die Wirkungsgeschichte, sei es durch öffentliche Uraufführung oder durch Druckpublikation. So wurden etwa die beiden großen Sinfonien in C-Dur und in h-Moll ganz entgegen ihrer Entstehungsreihenfolge publik gemacht: das «große» C-Dur-Werk im Leipziger Gewandhaus 1839 unter der Leitung Felix Mendelssohns, die *Unvollendete* im Wiener Musikverein 1865 unter Johann Herbeck. Das letzte Streichquartett wurde, wie erwähnt, erst 1851 gedruckt (op. 161), das C-Dur-Streichquintett D 956 gar erst 1853 (op. 163) und das nachmals so populäre Oktett D 803 ebenfalls erst 1853 (op. 168), aber willkürlich um zwei Sätze auf das «Normalmaß» von vier Sätzen gekürzt. Verlegerische Willkür zeigt sich aber auch auf dem Gebiet der Titulierung, wie dies schon beim *Schwanengesang* zu sehen war: Dass das große a-Moll-Allegro für Klavier zu vier Händen D 947 bei seiner Publikation 1840 den reißerischen Namen *Lebensstürme* erhielt, geht ebenso wenig auf Schubert zurück wie der sentimentale und zudem irreführende Titel *Reliquie. Letzte Sonate* für die Leipziger Druckausgabe der unvollendeten Klaviersonate D 840 im Jahre 1861. Eine besondere Erwähnung verdient ein Unternehmen des Wiener Verlages Diabelli & Comp., der nach dem Ableben des Komponisten von der Familie den Nachlass an Liedern erworben hatte (immerhin etwa 300 Stück) und vom Juli 1830 an unter dem werbewirksamen Titel *Franz Schubert's nachgelas-*

sene musikalische Dichtungen 50 Liederhefte erscheinen ließ, wofür er bis zum Sommer 1850 brauchte. Bis in die Mitte des Jahrhunderts hinein wurde also das Publikum regelmäßig mit neuen Schubert-Liedern versorgt. Zudem wurden viele dieser Diabelli'schen Nachlasslieferungen alsbald durch den Pariser Verlag Richault, mit deutschem und französischem Text versehen, nachgedruckt, was für eine frühe Verbreitung von Schuberts Liedern auch in Frankreich sorgte.

Gegen Ende seines Lebens trat Schubert den Verlegern gegenüber mit bemerkenswertem Selbstbewusstsein auf. Dazu hatte er allen Grund: Viele seiner Lieder waren nicht nur in Wien und Österreich, sondern bereits auch im Ausland bekannt geworden, was dazu führte, dass etwa deutsche Verleger einzelne Exemplare hemmungslos nachdruckten oder sie in Jahrbücher und Almanache aufnahmen. Dies brachte, vor dem Zeitalter eines funktionierenden Urheberrechts, zwar dem Komponisten finanziell nichts ein, mehrte aber seinen Ruhm. Im Juni 1826 hatte ihn auf dem Umweg über Beethovens Schüler Carl Czerny eine Anfrage des prominenten Zürcher Musikverlegers Hans Georg Nägeli erreicht, der seine geplante Klaviermusikreihe *Musikalische Ehrenpforte* mit einer neuen Klaviersonate Schuberts schmücken wollte. Nägeli, immerhin der Originalverleger von Beethovens Klaviersonaten Opus 31, war auf Schubert durch die Publikation der a-Moll-Sonate Opus 42 aufmerksam geworden, die er Czerny gegenüber als «Kapital-Stück» bezeichnete (Dok., 364). Schubert reagierte erfreut und verlangte das Voraushonorar in der beträchtlichen Höhe von 120 Gulden C. M. (also 300 Gulden W. W.); möglicherweise ist das Geschäft aus diesem schnöden Grunde nicht zustande gekommen.

Erst am Beginn des Jahres 1828 wagte Schubert schließlich von sich aus den Schritt über Österreich hinaus und unterbreitete wichtigen ausländischen Verlagen wie Schott in Mainz oder Probst in Leipzig umfangreiche Angebote. In den Briefen an beide Verlage offerierte er neben Liedern vor allem seine noch unpublizierten Klavier- und Kammermusikwerke und versah, wie früher schon erwähnt, das Angebot mit der vielsagenden Schlussbemerkung: «Dieß das Verzeichniß meiner fertigen Compositionen außer 3 Opern, einer Messe und einer Symfonie. Diese letztern Comp. zeige ich nur darum an, damit Sie mit meinem Streben nach dem Höchsten in der Kunst bekannt sind» (an Schott, 21. Februar 1828; Dok., 495). Realistische Einschätzung des Musikalienmarkts paart sich hier mit einer beachtlichen Einsicht in den eigenen Wert, die sich mit Selbstverständlichkeit auf die Komposition der «großen», wenngleich kaum marktgängigen Gattungen stützt. Während Schott noch zögerte und schließlich nicht schnell genug reagierte, um den Komponisten noch lebend anzutreffen, erklärte sich der Leipziger Verlag Probst zur Publikation des Es-Dur-Klaviertrios D 929 bereit.

In diesem Zusammenhang, gleichsam als letzte öffentliche Geste, unternahm Schubert einen Schritt, der ihn auf einem neuen Niveau bewusster Œuvre-Planung zeigt. Probst hatte im Juli 1828 um die Angabe des Widmungsträgers und der gewünschten Opus-Nummer für das in den Verlag genommene Klaviertrio gebeten, und Schubert sandte im August eine ebenso lakonische wie denkwürdige Antwort, die gleichsam in Stein gemeißelt das Denkmal des ersten freischaffenden Komponisten zieren könnte:

> «Euer Wohlgeboren! Das Opus des Trio ist 100. Ich ersuche, dass die Auflage *fehlerlos* ist, und sehe derselben mit Sehnsucht entgegen. Dedicirt wird dieses Werk Niemanden ausser jenen, die Gefallen daran finden. Das die einträglichste Dedication. / Mit aller Achtung *Frz. Schubert*» (Dok.[2], 447).

Die ostentative Symbolik der Opus-Zahl 100 für das größte seiner bisher publizierten Werke, die ungeduldige Erwartung der Belegexemplare seiner ersten Auslandspublikation und der stolze Verzicht auf das Dedikationsgeschäft zugunsten einer emphatischen Wendung an das verständige Publikum der ganzen musikalischen Welt: Mit einer pathetischeren Geste hätte der nun am Beginn des internationalen Durchbruchs stehende Komponist wohl kaum aus dem Leben scheiden können. Als im November die Belegexemplare des Trios eintrafen, war er bereits tot.

7. Epilog: die Schubert-Rezeption

Seine Kompositionen seien «durch den Verstand für Musik und durch [s]einen Schmerz vorhanden», soll Schubert im Frühjahr 1824 in einem verschollenen Notizbuch, dessen Inhalte nur durch Bauernfeld überliefert sind, festgehalten haben (Dok., 233). So beliebt dieses Zitat im Rahmen biographischer Würdigungen rasch wurde, so gern ist doch übersehen worden, dass das kleine Diktum mit dem «Verstand für Musik» an erster Stelle die Rationalität seiner Produktion betont. Dass aber in Schuberts Musik bei aller emotionalen und expressiven Tiefe gleichwohl ein «Verstand für Musik» als hochorganisierte kompositorische Intelligenz waltet, hat sich als Einsicht bis heute nur mühsam durchgesetzt.

Warum der Weg dorthin so lang war, lässt sich höchstens ansatzweise erklären. Vor allem dürfte es daran liegen, dass Schubert selbst im Freundeskreis – und um so mehr dann beim breiten Publikum des 19. Jahrhunderts – in erster Linie als Komponist von Liedern geschätzt wurde. Gegen den mächtig aufsteigenden Nachruhm Beethovens geriet Schuberts instrumentale Hinterlassenschaft in ein Abseits, aus dem sie erst seit dem späten 19. Jahrhundert allmählich herauszufinden begann. Diejenigen, die allerdings schon früh die Bedeutung des Instrumentalkomponisten Schubert klar erkannten, waren bezeichnenderweise nicht die ausübenden Musiker, die Publizisten oder die Wissenschaftler, sondern diejenigen, auf denen das verpflichtende Erbe Beethovens am schwersten lastete: die Komponisten. Es waren Robert Schumann, der 1839 die «große» C-Dur-Sinfonie bei Schuberts Bruder Ferdinand entdeckte, und Felix Mendelssohn Bartholdy oder Franz Liszt, die auf sehr unterschiedliche Weise von Schubert angeregt wurden, und für Johannes Brahms, der Schubert lebenslang tief verehrte, hat die frühe Bekanntschaft mit dessen Werken wohl sogar den endgültigen Ausweg aus dem Komponieren im Schatten Beethovens gewiesen. Ähnliches ist für Antonín Dvořák bezeugt.

Freilich hat Schuberts Nachruhm nie ernsthaft in Frage gestanden; dafür hatte der Komponist zu Lebzeiten den Grund schon genügend gesichert. Aber eine nachhaltige Rezeptionslenkung durch den Komponisten selbst hat sein früher Tod verhindert, und die Einseitigkeit der Wahrnehmung löste sich nur zögernd auf. Es dauerte weit über die Mitte des Jahrhunderts hinaus, bis dem Publikum nicht nur die Lieder, sondern auch die Klavier-, Kammer- und Orchestermusik einigermaßen vollständig vorlagen. Den Schlusspunkt dieser Entwicklung setzte vorläufig die von 1884 bis 1897, Schuberts hundertstem Geburtsjahr, entstandene Alte Gesamtausgabe (AGA), die den mittlerweile kanonisch gewordenen Komponisten nun in die großen Editionsprojekte der Epoche (Haydn, Mozart, Beethoven, Bach, Händel) einreihte. Die seit 1964 erscheinende, inzwischen kurz vor dem Abschluss stehende Neue Gesamtausgabe (NGA) hat durch zahlreiche Neuentdeckungen den Werkbestand noch bedeutend vergrößert.

Gegen das Klischee des «Titanen» Beethoven bot Schubert das willkommene Bild der «gemütlichen» Biedermeier-Figur. Die organisierte Geselligkeit als eigentliche Sphäre seiner Produktivität, wie sie Jahrzehnte später in den stilisierten Erinnerungen der alternden Freunde erschien, ließ sich gänzlich in diesem Sinne missverstehen. Schubert wurde zur Identifikationsfigur des nostalgisch verklärten alten Wien, das in der zweiten Jahrhunderthälfte durch die Niederlegung der Stadtbefestigung und den Bau der Ringstraße physisch vom Erdboden verschwand. Das hatte Folgen bis weit ins 20. Jahrhundert hinein, in dem Schubert als «Schwammerl» zum Protagonisten eines überaus beliebten Kitschromans von Rudolf Hans Bartsch (1912) und zum Helden der populären Operette *Das Dreimäderlhaus* (1916) avancieren konnte und schließlich sogar mit großem Erfolg auf die Kinoleinwand kam. All dies ging um so leichter, je lückenhafter die dokumentarische Basis war. Den ehernen Gesetzmäßigkeiten der Wirkungsgeschichte gehorchend, schlug das Pendel am Ende des Jahrhunderts in die andere Richtung aus, als die psychoanalytische Enthüllungsbiographik der 1980er Jahre dazu überging, Schubert und seine Freunde als eine homophile Gemeinschaft darzustellen, deren Bohèmeleben eher in die Subkultur heutiger Großstädte als in das Wien der Metternich-Zeit gepasst hätte. Auch dieses Bild wurde, unbeschadet seiner schütteren Quellenbasis, am Ende des 20. Jahrhunderts offenkundig gebraucht und hat ebenfalls mühelos den Weg in die Kulturindustrie gefunden, wo es sich zweifellos noch eine Weile halten wird.

In der wissenschaftlichen Rezeption seiner Musik hat – abseits seiner nie bestrittenen Domäne der Liedkomposition – der Umschwung erst nach der Mitte des 20. Jahrhunderts eingesetzt. Noch im Umkreis der Beethoven- und Schubert-Zentenarfeiern 1927/1928 galt die Auffassung, Schubert habe in der Instrumentalmusik neben Beethoven nur Epigonales geleistet, wofür, bei aller Liebe zu seiner Musik, stets sein eigenwilliger Umgang mit der klassischen Sonatenform als Hauptargument zu dienen hatte. Viele personalstilistische Züge – etwa die Gewohnheit, die Reprise in den Jugendwerken vor 1820 in der Subdominante beginnen zu lassen, aber auch die vielen formalen und harmonischen Idiosynkrasien der Reifezeit – blieben unverstanden und wurden entweder als handwerkliches Ungeschick kritisiert oder als liebenswerte Sonderbarkeit entschuldigt. Unnötige Apologie und ungerechtfertigte Kritik haben somit für lange Zeit die Extreme der Diskussion abgesteckt. Es spricht Bände, dass Schuberts Klaviersonaten, die heute ins Repertoire jedes anspruchsvollen Pianisten gehören, erst durch die einsame Pioniertat Artur Schnabels (1882–1951) allmählich auf das Konzertpodium gelangten, und selbst Robert Schumanns enthusiastische Formel von der «himmlischen Länge» der «großen» C-Dur-Sinfonie wurde durch eine sinnentstellende Manipulation ins Maliziöse der allzu vielen musikalischen «Längen» gewendet. Was für Komponisten wie Schumann oder Brahms bereits als selbstverständlich galt, dass sich nämlich in Schuberts großen Instrumentalformen das einzige geschichtswirksame Strukturmodell neben Beethoven entwickelt hat, ist als generelle Einsicht kaum mehr als wenige Jahrzehnte alt. Dabei haben sich die wissenschaftlichen und die musikalischen Schubert-Deutungen der letzten Jahrzehnte durchaus wechselseitig befruchtet. In der jüngeren kompositorischen Rezeption stehen für die tiefe Faszination durch Schuberts neuartige, nicht-lineare musikalische Zeitorganisation Zeugnisse europäischer Komponisten wie Jean Barraqué, Luciano Berio, Wolfgang Rihm, Dieter Schnebel oder Hans Zender, aber auch das emphatische Schubert-Bekenntnis des Amerikaners Morton Feldman.

Doch sollte, wenn heute aus dem gemütlichen Musikanten des Biedermeier der beunruhigende Zeitgenosse einer krisengeschüttelten Moderne geworden ist, die Wachsamkeit gegenüber neuerlicher Stereotypisierung nach wie vor die Losung des Tages bleiben.

Literaturhinweise

Für vollständige und aktuelle Angaben siehe die periodisch geführte *Schubert-Bibliographie* von Thomas Gerlich (am Ende jedes Jahrgangs der *Schubert: Perspektiven*, Stuttgart 2001 ff.).

Werkausgaben und Werkverzeichnis

Franz Schubert's Werke. Kritisch durchgesehene Gesamtausgabe, Leipzig 1884–1897 (= Alte Schubert-Ausgabe, AGA)

Franz Schubert. Neue Ausgabe sämtlicher Werke, Kassel etc. 1964 ff. (= Neue Schubert-Ausgabe, NGA)

Deutsch, Otto Erich, *Franz Schubert. Thematisches Verzeichnis seiner Werke in chronologischer Folge. Neuausgabe in deutscher Sprache bearb. und hrsg. von der Editionsleitung der NGA und Werner Aderhold*, Kassel etc. 1978

Quellen und Dokumente

Schubert. Die Dokumente seines Lebens. Gesammelt und erläutert von Otto Erich Deutsch, Kassel etc. 1964 (= **Dok.**)

Schubert. Die Erinnerungen seiner Freunde. Gesammelt und erläutert von Otto Erich Deutsch, Leipzig [2]1966 (= **Erinn.**)

Franz Schubert. Dokumente 1817–1830. Erster Band: *Texte, Programme, Rezensionen, Anzeigen, Nekrologe, Musikbeilagen und andere gedruckte Quellen*, hrsg. von Till Gerrit Waidelich, Tutzing 1993 (= **Dok.[2]**)

Franz Schubert. Dokumente 1801–1830. Erster Band: *Texte, Programme, Rezensionen, Anzeigen, Nekrologe, Musikbeilagen und andere gedruck-*

te Quellen. Addenda und Kommentar, hrsg. von Ernst Hilmar unter Mitarbeit von Werner Bodendorff, Tutzing 2003

Periodika und Nachschlagewerke

Schubert durch die Brille. Mitteilungen des Internationalen Franz Schubert Instituts, hrsg. von Ernst Hilmar, Nr. 1–3: Wien 1988/1989, Nr. 4–30: Tutzing 1990–2003

Schubert-Jahrbuch, im Auftrag der Deutschen Schubert-Gesellschaft hrsg. von Christiane Schumann, Kassel etc. 1996 ff.

Schubert-Handbuch, hrsg. von Walther Dürr und Andreas Krause, Kassel etc. 1997

Schubert: Perspektiven, hrsg. von Hans-Joachim Hinrichsen und Till Gerrit Waidelich, Stuttgart 2001–2016

Schubert-Enzyklopädie, 2 Bde., hrsg. von Ernst Hilmar und Margret Jestremski, Tutzing 2004

Schubert-Liedlexikon, hrsg. von Walther Dürr, Michael Kube, Uwe Schweikert und Stefanie Steiner. Unter Mitarbeit von Michael Kohlhäufl, Kassel etc. 2012

Monographien

Aderhold, Werner u. a. (Hrsg.), *Franz Schubert. Jahre der Krise 1818–1823. Festschrift Arnold Feil,* Kassel etc. 1985

Blanken, Christine, *Franz Schuberts «Lazarus» und das Wiener Oratorium zu Beginn des 19. Jahrhunderts*, Stuttgart 2002

Dittrich, Marie-Agnes, *Harmonik und Sprachvertonung in Schuberts Liedern*, Hamburg 1991

Dürhammer, Ilija, *Schuberts literarische Heimat. Dichtung und Literaturrezeption der Schubert-Freunde*, Wien etc. 1999

Dürr, Walther, *Das deutsche Sololied im 19. Jahrhundert*, Wilhelmshaven 1984

ders. u. a. (Hrsg.), *Reclams Musikführer Franz Schubert*, Stuttgart 1991

ders. u. a. (Hrsg.), *Schuberts Lieder nach Gedichten aus seinem literarischen Freundeskreis*, Frankfurt a. M. etc. 1999

Feil, Arnold, *Studien zu Schuberts Rhythmik*, München 1966

Georgiades, Thrasybulos, *Schubert. Musik und Lyrik*, Göttingen 1967

Gramit, David, *The intellectual and aesthetic tenets of Franz Schubert's circle,* Dissertation Duke Universtity 1987

Gruber, Gernot, *Schubert. Schubert? Leben und Musik*, Kassel etc. 2010

Gülke, Peter, *Franz Schubert und seine Zeit*, Laaber 1991

Hanson, Alice M., *Die zensurierte Muse. Musikleben im Wiener Biedermeier*, Wien etc. 1987

Hilmar, Ernst, *Schubert*, Graz 1989

Hinrichsen, Hans-Joachim, *Untersuchungen zur Entwicklung der Sonatenform in der Instrumentalmusik Franz Schuberts*, Tutzing 1994

Jaskulsky, Hans, *Die lateinischen Messen Franz Schuberts*, Mainz 1986

Klein, Rudolf, *Schubertstätten*, Wien 1972
Kohlhäufl, Michael, *Poetisches Vaterland. Dichtung und politisches Denken im Freundeskreis Franz Schuberts*, Kassel etc. 1999
Krause, Andreas, *Die Klaviersonaten Franz Schuberts. Form, Gattung, Ästhetik*, Kassel etc. 1992
Kube, Michael u. a. (Hrsg.), *Schubert und das Biedermeier. Festschrift Walther Dürr*, Kassel etc. 1992
ders. u. a. (Hrsg.), *Schubert und die Nachwelt. I. Internationale Arbeitstagung zur Schubert-Rezeption Wien 2003*, München etc. 2007
Lindmayr-Brandl, Andrea, *Franz Schubert. Das fragmentarische Werk*, Stuttgart 2003
Litschauer, Walburga / Deutsch, Walter, *Franz Schubert und das Tanzvergnügen*, Wien 1997
Lorenz, Michael, *Studien zum Schubert-Kreis*, Dissertation Wien 2001
Musulin, Stella, *Vienna in the Age of Metternich from Napoleon to Revolution 1805–1848*, London 1975
Partsch, Erich Wolfgang (Hrsg.), *Franz Schubert – Der Fortschrittliche? Analysen – Perspektiven – Fakten*, Tutzing 1989
Pietschmann, Klaus, *Laboratorium des Wandels. Wien und die Diversifizierung der Oper um 1800*, Habilitationsschrift Universität Zürich 2006
Raab, Michael, *Franz Schubert. Instrumentale Bearbeitungen eigener Lieder*, München 1997
Reiser, Salome, *Franz Schuberts frühe Streichquartette. Eine klassische Gattung am Beginn einer nachklassischen Zeit*, Kassel etc. 1999
Rentsch, Ivana/Pietschmann, Klaus (Hrsg.), *Schubert: Interpretationen*, Stuttgart 2014
Schwab, Heinrich W., *Sangbarkeit, Popularität und Kunstlied. Studien zu Lied und Liedästhetik der mittleren Goethezeit 1770–1814*, Regensburg 1965
Waidelich, Till Gerrit, *Franz Schubert: Alfonso und Estrella. Eine frühe durchkomponierte deutsche Oper. Geschichte und Analyse*, Tutzing 1991
Weber, William, *Music and Middle Class. The Structure of Concert Life in London, Paris and Vienna*, London 1975
Well, Helmut, *Frühwerk und Innovation. Studien zu den «Jugendsinfonien» Franz Schuberts*, Kassel etc. 1995

Aufsätze

Biba, Otto, *Schubert's Position in Viennese Musical Life*, in: 19th Century Music 3 (1978), 106–113
Denny, Thomas A., *Schubert's «Fierrabras» and Barbaja's Opera Business*, in: Schubert : Perspektiven 5 (2005), 19–45
Dürr, Walther, *«Wer vermag nach Beethoven noch etwas zu machen?» Gedanken über die Beziehungen Schuberts zu Beethoven*, in: Beethoven-Jahrbuch 1973/77, Bonn 1977, 47–67
Eckstein, Susanne, *«Stromüber zu dringen, mit trotzender Brust». Eisläufer,*

Schwimmer, Wanderer im Schubert-Kreis, in: Schubert : Perspektiven 8 (2008), 191–236

Eggebrecht, Hans Heinrich, *Prinzipien des Schubert-Liedes*, in: Archiv für Musikwissenschaft 27 (1970), 89–109

Gerhard, Anselm, *Franz Schuberts Abschied von Beethoven? Zur «poetischen Idee» des Es-Dur-Klaviertrios von 1827*, in: Schubert : Perspektiven 2 (2002), 1–21

Gottdang, Andrea, *«Ich bin unsern Ideen nicht untreu geworden». Moritz von Schwind und der Schubert-Freundeskreis*, in: Schubert : Perspektiven 4 (2004), 1–48

Hinrichsen, Hans-Joachim, *Die Sonatenform im Spätwerk Franz Schuberts*, in: Archiv für Musikwissenschaft 45 (1988), 16–49

ders., *Franz Schubert und der Kontrapunkt. Anmerkungen zur Auseinandersetzung mit der Fuge in Schuberts letztem Schaffensjahr*, in: Schubert-Jahrbuch 1996, 67–81

ders., *Episode oder Wendepunkt? Schuberts Auseinandersetzung mit der Dichtung Friedrich Gottlieb Klopstocks*, in: Schubert : Perspektiven 3 (2003), 155–175

Kreutzer, Hans Joachim, *Franz Schubert und die Dichter*, in: Schubert-Jahrbuch 1997, 3–21

Mayer, Andreas, *«Gluck'sches Gestöhn» und «welsches Larifari». Anna Milder, Franz Schubert und der deutsch-italienische Opernkrieg*, in: Archiv für Musikwissenschaft 52 (1995), 171–204

Rentsch, Ivana, *Die «Natürlichkeit» der «Zauber-Oper». Schuberts «Des Teufels Lustschloß» im Geiste von Kotzebues Theaterästhetik*, in: Schubert : Perspektiven 10 (2010), 123–138

Steblin, Rita, *Studying with Sechter: Newly recovered Reminiscences about Schubert by his forgotten Friend, the Composer Joseph Lanz*, in: Music & Letters 88 (2007), 226–265

dies., *New Thoughts on Schubert's Role in the Unsinnsgesellschaft*, in: Schubert : Perspektiven 19 (2010), 191–223

Stollberg, Arne, *Der «allertragischste Kampf und Sieg»? Schuberts Vierte Symphonie im Kontext der zeitgenössischen Tragödientheorie*, in: Schubert : Perspektiven 7 (2007), 137–225

Waidelich, Till Gerrit, *Joseph Hüttenbrenners Entwurf eines Aufsatzes mit der ersten biographischen Skizze Schuberts (1823) und zwei Fragmente seines ungedruckten Schubert-Nachrufs (1828)*, in: Schubert : Perspektiven 1 (2001), 37–73.

ders., *«Torupson» und Franz von Schober – Leben und Wirken des von Frauen, Freunden und Biographen umworbenen Schubert- und Schwind-Freundes*, in: Schubert : Perspektiven 6 (2006), 1–237

Webster, James, *Schubert's Sonata Form and Brahms's First Maturity*, in: 19th Century Music 2 (1978), 18–35, und 3 (1979), 52–71

«Kurz und übersichtlich – kundig und lesbar.»

DIE ZEIT

Für ausführliche Informationen zu unserem Verlagsprogramm fordern Sie bitte unser Gesamtverzeichnis an bei: Verlag C.H.Beck, Anja Schoene, Wilhelmstraße 9, 80801 München.
Die österreichischen Europreise wurden von unserem österreichischen Alleinauslieferer als seine gesetzlichen Letztverkaufspreise festgesetzt.
Preisänderungen und Irrtümer vorbehalten • Stand: 30.11.2018 • Bestell-Nr. 257680

WWW.CHBECK.DE

Personenregister

C.H.BECK WISSEN

GESAMTVERZEICHNIS

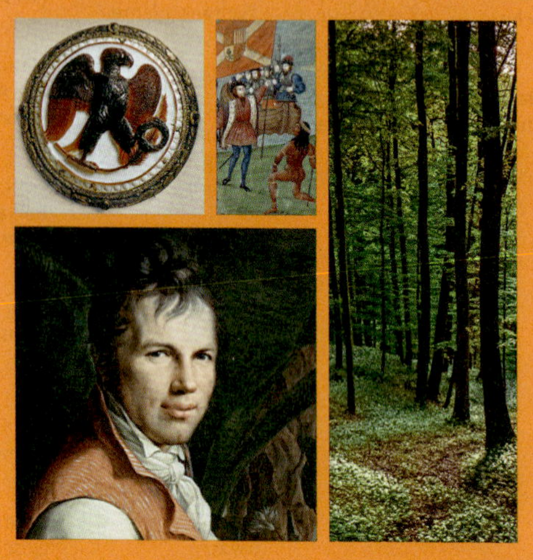

INHALT

Die Bände haben jeweils einen Umfang von rund 128 Seiten und sind teilweise bebildert und mit Karten versehen.
Sie kosten
€ 8,95[D] | € 9,20[A] oder
€ 9,95[D] | € 10,30[A].
Innerhalb der Kapitel sind die Titel nach Themen sortiert.

GESCHICHTE – EPOCHENÜBERGREIFEND

Edgar Wolfrum
Stefan Westermann
Die 101 wichtigsten Personen der deutschen Geschichte
(bw 2847)

Udo Sautter
Die 101 wichtigsten Personen der Weltgeschichte
(bw 2193)

Klaus-Jürgen Matz
Die 1000 wichtigsten Daten der Weltgeschichte
(bw 2148)

Gerhard Leitner
Die Aborigines Australiens
(bw 2389)

Walter Demel
Sylvia Schraut
Der deutsche Adel
(bw 2832)

Walter Demel
Der europäische Adel
(bw 2379)

Franz Ansprenger
Geschichte Afrikas
(bw 2189)

Claus Priesner
Geschichte der Alchemie
(bw 2718)

Harald Kleinschmidt
Die Angelsachsen
(bw 2728)

Werner Bergmann
Geschichte des Antisemitismus
(bw 2187)

Heinz Halm
Die Araber
(bw 2343)

Hanns J. Prem
Die Azteken
(bw 2035)

Edgar Hösch
Geschichte des Balkans
(bw 2356)

Andreas Müller
Berg Athos
(bw 2351)

Franz Meußdoerffer
Martin Zarnkow
Das Bier
(bw 2792)

Andreas Fahrmeir
Deutsche Geschichte
(bw 2875)

Jürgen Sarnowsky
Der Deutsche Orden
(bw 2428)

Volker Reinhardt
Geschichte von Florenz
(bw 2773)

Ute Gerhard
Frauenbewegung und Feminismus
(bw 2463)

Frank-Lothar Kroll
Die Hohenzollern
(bw 2426)

NEU
Bernd-Stefan Grewe
Gold
(bw 2889)

Berthold Riese
Die Inka
(bw 2867)

Klaus Kreiser
Geschichte Istanbuls
(bw 2481)

Jürgen Sarnowsky
Die Johanniter
(bw 2737)

Kurt Schubert
Jüdische Geschichte
(bw 2018)

Jürgen Kocka
Geschichte des Kapitalismus
(bw 2783)

Christoph Nonn
Das Deutsche Kaiserreich
(bw 2870)

Andreas Kappeler
Die Kosaken
(bw 2768)

Stefan Rinke
Geschichte Lateinamerikas
(bw 2703)

Berthold Riese
Machu Picchu
(bw 2341)

NEU
Berthold Riese
Die Maya
(bw 2026)

Dirk Hoerder
Geschichte der deutschen Migration
(bw 2494)

Jochen Oltmer
Globale Migration
(bw 2761)

Karénina Kollmar-Paulenz
Die Mongolen
(bw 2730)

Bernd Kluge
Münzen
(bw 2861)

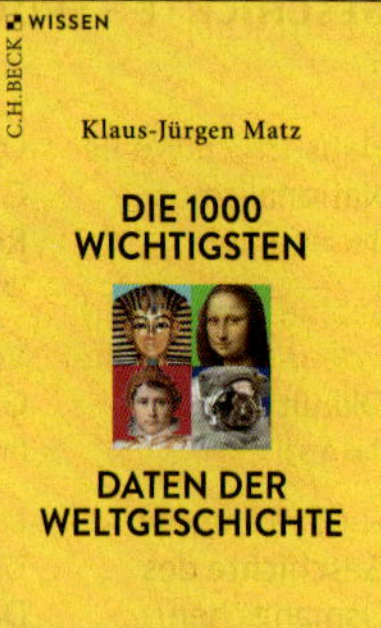

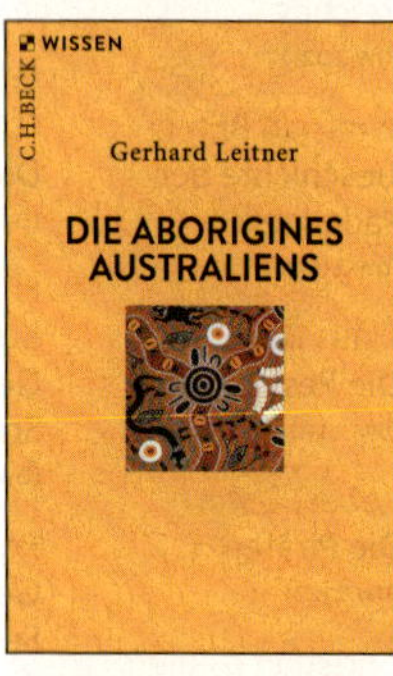

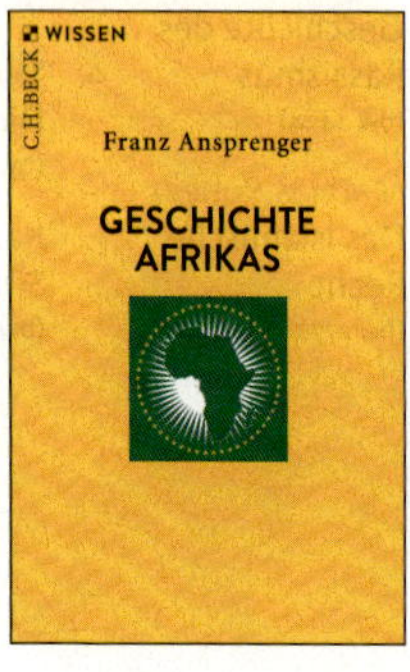

Hans-Ulrich Wehler
Nationalismus
(bw 2169)

Sabine Doering-Manteuffel
Okkultismus
(bw 2713)

Suraiya Faroqhi
Geschichte des Osmanischen Reiches
(bw 2021)

Winfried Böhm
Geschichte der Pädagogik
(bw 2353)

Klaus Bergdolt
Die Pest
(bw 2411)

Robert Bohn
Die Piraten
(bw 2327)

Christian Geulen
Geschichte des Rassismus
(bw 2424)

Mathias Rohe
Das islamische Recht
(bw 2777)

Ulrich Manthe
Geschichte des Römischen Rechts
(bw 2132)

Volker Reinhardt
Geschichte Roms
(bw 2325)

Daniel-Erasmus Khan
Das Rote Kreuz
(bw 2757)

Wolfgang Schwentker
Die Samurai
(bw 2188)

Franz-Michael Konrad
Geschichte der Schule
(bw 2406)

Robert Bohn
Geschichte der Seefahrt
(bw 2722)

Thomas Höllmann
Die Seidenstraße
(bw 2354)

Karola Fings
Sinti und Roma
(bw 2707)

Eduard Mühle
Die Slawen
(bw 2872)

Peter Rohrsen
Der Tee
(bw 2790)

Stefan Fisch
Geschichte der europäischen Universität
(bw 2702)

Arne Karsten
Geschichte Venedigs
(bw 2756)

NEU
Hansjörg Küster
Der Wald
(bw 2891)

Daniel Deckers
Wein
(bw 2793)

Thomas Vogtherr
Die Welfen
(bw 2830)

John C. G. Röhl
Wilhelm II.
(bw 2787)

Peter Alter
Die Windsors
(bw 2461)

Hans-Michael Körner
Die Wittelsbacher
(bw 2458)

Harald Haarmann
Weltgeschichte der Zahlen
(bw 2450)

Thomas Vogtherr
Zeitrechnung
(bw 2163)

Michael Brenner
Geschichte des Zionismus
(bw 2184)

– ALTE GESCHICHTE

Hans-Joachim Gehrke
Alexander der Große
(bw 2043)

Hartwin Brandt
Das Ende der Antike
(bw 2151)

Eva Cancik-Kirschbaum
Die Assyrer
(bw 2328)

Ulrich Sinn
Athen
(bw 2336)

Peter Funke
Athen in klassischer Zeit
(bw 2074)

Angela Pabst
Die athenische Demokratie
(bw 2308)

Werner Eck
Augustus und seine Zeit
(bw 2084)

Michael Jursa
Die Babylonier
(bw 2349)

Ralph-Johannes Lilie
Byzanz
(bw 2085)

Martin Jehne
Caesar
(bw 2044)

Wilfried Stroh
Cicero
(bw 2440)

Michael Maaß
Das antike Delphi
(bw 2431)

Bernhard Maier
Die Druiden
(bw 2466)

Hermann A. Schlögl
Echnaton
(bw 2441)

Hansjürgen Müller-Beck
Die Eiszeiten
(bw 2363)

Friedhelm Prayon
Die Etrusker
(bw 2040)

NEU
Friedemann Schrenk
Die Frühzeit des Menschen
(bw 2059)

NEU
Herwig Wolfram
Die Germanen
(bw 2004)

Christian Mann
Die Gladiatoren
(bw 2772)

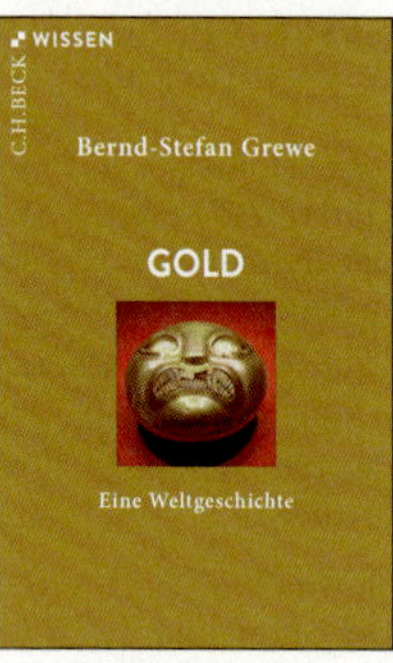

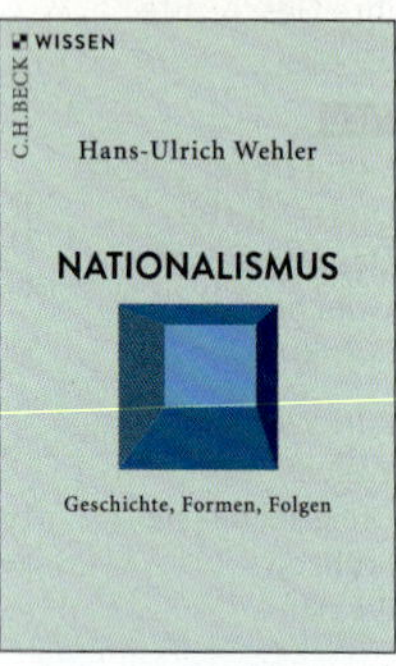

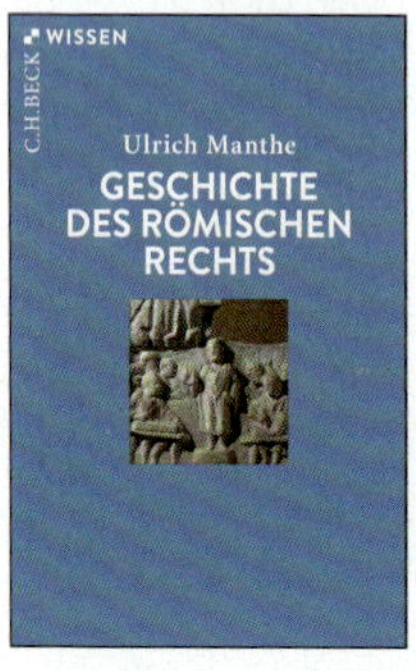

Rudolf Simek
Götter und Kulte der Germanen
(bw 2335)

Manfred Krebernik
Götter und Mythen des Alten Orients
(bw 2708)

Herwig Wolfram
Die Goten und ihre Geschichte
(bw 2179)

NEU
Sigrid Deger-Jalkotzy
Dieter Hertel
Das Mykenische Griechenland
(bw 2860)

Karl-Wilhelm Welwei
Die griechische Frühzeit
(bw 2185)

Detlef Lotze
Griechische Geschichte
(bw 2014)

Pedro Barceló
Hannibal
(bw 2092)

Heinz Heinen
Geschichte des Hellenismus
(bw 2309)

Jörg Klinger
Die Hethiter
(bw 2425)

Barbara Patzek
Homer und seine Zeit
(bw 2302)

Timo Stickler
Die Hunnen
(bw 2433)

Harald Haarmann
Die Indoeuropäer
(bw 2706)

Eckart Otto
Das antike Jerusalem
(bw 2418)

Mischa Meier
Justinian
(bw 2332)

Werner Huß
Karthago
(bw 2025)

Alexander Demandt
Die Kelten
(bw 2101)

Elmar Schwertheim
Kleinasien in der Antike
(bw 2348)

Manfred Clauss
Kleopatra
(bw 2009)

Manfred Clauss
Konstantin der Große und seine Zeit
(bw 2042)

Peter Schreiner
Konstantinopel
(bw 2364)

Egon Schallmayer
Der Limes
(bw 2318)

Karen Radner
Mesopotamien
(bw 2877)

Leonhard Burckhardt
Militärgeschichte der Antike
(bw 2447)

Hans Kloft
Mysterienkulte der Antike
(bw 2106)

Friedemann Schrenk
Stephanie Müller
Die Neandertaler
(bw 2373)

Jürgen Malitz
Nero
(bw 2105)

Hermann A. Schlögl
Nofretete
(bw 2763)

Bruno Bleckmann
Der Peloponnesische Krieg
(bw 2391)

Martin Zimmermann
Pergamon
(bw 2740)

Wolfgang Will
Die Perserkriege
(bw 2705)

Michael Sommer
Die Phönizier
(bw 2444)

Jens-Arne Dickmann
Pompeji
(bw 2387)

Peter Jánosi
Die Pyramiden
(bw 2331)

Reinhard Wolters
Die Römer in Germanien
(bw 2136)

NEU
Klaus Bringmann
Römische Geschichte
(bw 2012)

Karl Christ
Die Römische Kaiserzeit
(bw 2155)

Martin Jehne
Die Römische Republik
(bw 2362)

Frank Kolb
Das antike Rom
(bw 2407)

Eckhard Meyer-Zwiffelhoffer
Imperium Romanum
(bw 2467)

Hermann Parzinger
Die Skythen
(bw 2342)

Ernst Baltrusch
Sparta
(bw 2083)

Bernhard Maier
Stonehenge
(bw 2377)

Gebhard J. Selz
Sumerer und Akkader
(bw 2374)

Erik Hornung
Das Tal der Könige
(bw 2195)

Dieter Hertel
Troia
(bw 2166)

Konrad Vössing
Die Vandalen
(bw 2881)

Günther Moosbauer
Die Varusschlacht
(bw 2457)

Klaus Rosen
Die Völkerwanderung
(bw 2180)

Johannes Engels
Die Sieben Weisen
(bw 2485)

Kai Brodersen
Die Sieben Weltwunder
(bw 2029)

Rudolf Simek
Die Wikinger
(bw 2081)

Michael Sommer
Wirtschaftsgeschichte der Antike
(bw 2788)

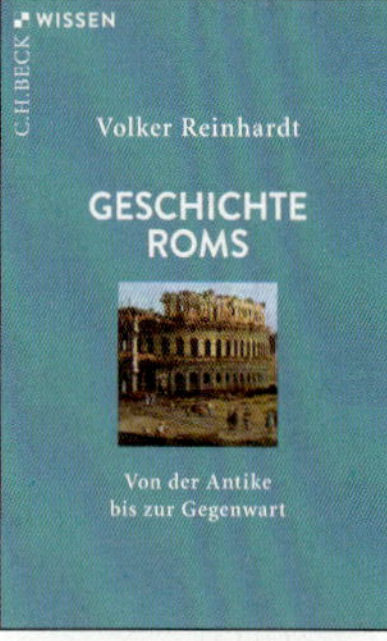

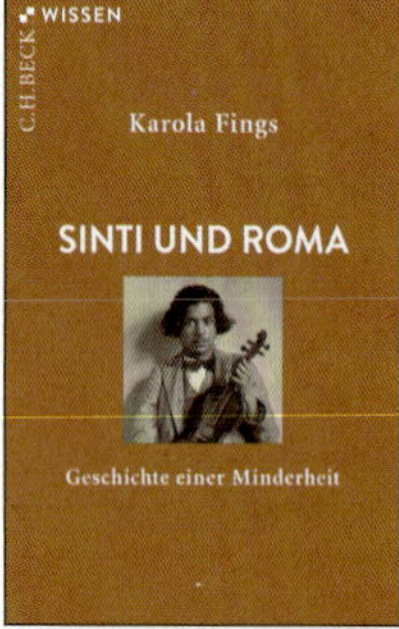

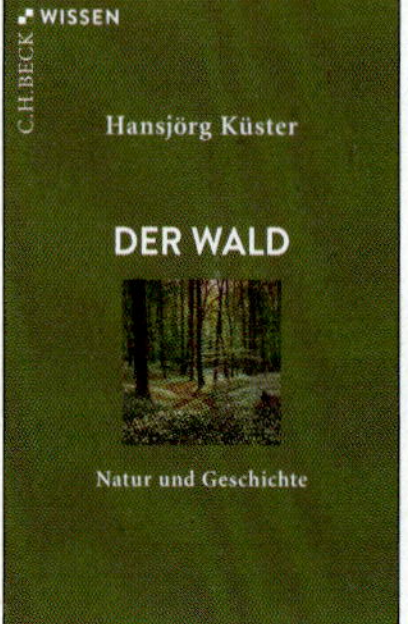

Dominik Waßenhoven
1066
Englands Eroberung durch die Normannen (bw 2866)

Michael Hochgeschwender
Der amerikanische Bürgerkrieg
(bw 2451)

Heinz Halm
Die Assassinen
(bw 2868)

Peter Blickle
Der Bauernkrieg
(bw 2103)

Eberhard Kolb
Bismarck
(bw 2476)

Volker Reinhardt
Die Borgia
(bw 2741)

Christoph Strohm
Johannes Calvin
(bw 2469)

Wolf D. Gruner
Der Deutsche Bund
(bw 2495)

Sebastian Conrad
Deutsche Kolonialgeschichte
(bw 2448)

Heiko Haumann
Dracula
(bw 2715)

Georg Schmidt
Der Dreißigjährige Krieg
(bw 2005)

Bernhard Jussen
Die Franken
(bw 2799)

NEU
Hans-Ulrich Thamer
Die Französische Revolution
(bw 2347)

Heinz Duchhardt
Freiherr vom Stein
(bw 2487)

Helmut Reinalter
Die Freimaurer
(bw 2133)

Olaf B. Rader
Kaiser Friedrich II.
(bw 2762)

Johannes Kunisch
Friedrich der Große
(bw 2731)

Thomas Maissen
Geschichte der Frühen Neuzeit
(bw 2760)

Jürgen Osterhammel
Nils P. Petersson
Geschichte der Globalisierung
(bw 2320)

Rudolf Schieffer
Papst Gregor VII.
(bw 2492)

Heinz-Dieter Heimann
Die Habsburger
(bw 2154)

Rolf Hammel-Kiesow
Die Hanse
(bw 2131)

NEU
Barbara Stollberg-Rilinger
Das Heilige Römische Reich Deutscher Nation
(bw 2399)

Wolfgang Behringer
Hexen
(bw 2082)

NEU
Alexander Schunka
Die Hugenotten
(bw 2892)

NEU
Andreas W. Daum
Alexander von Humboldt
(bw 2888)

Joachim Ehlers
Der Hundertjährige Krieg
(bw 2475)

Gerd Schwerhoff
Die Inquisition
(bw 2340)

Claudia Zey
Der Investiturstreit
(bw 2852)

Klaus Herbers
Jakobsweg
(bw 2394)

Gerd Krumeich
Jeanne d'Arc
(bw 2396)

Helmut Reinalter
Joseph II.
(bw 2735)

Bernd Schneidmüller
Die Kaiser des Mittelalters
(bw 2398)

Luise Schorn-Schütte
Karl V.
(bw 2130)

Matthias Becher
Karl der Große
(bw 2120)

Karl Ubl
Die Karolinger
(bw 2828)

Luise Schorn-Schütte
Königin Luise
(bw 2323)

Jürgen Osterhammel
Jan C. Jansen
Kolonialismus
(bw 2002)

NEU
Vitus Huber
Die Konquistadoren
(bw 2890)

Peter Thorau
Die Kreuzzüge
(bw 2338)

Steffen Patzold
Das Lehnswesen
(bw 2745)

Hermann Rumschöttel
Ludwig II. von Bayern
(bw 2719)

Mark Hengerer
Ludwig XIV.
(bw 2842)

Marina Münkler
Marco Polo
(bw 2097)

Wilfried Nippel
Karl Marx
(bw 2834)

Volker Reinhardt
Die Medici
(bw 2028)

Martina Hartmann
Die Merowinger
(bw 2746)

Wolfram Siemann
Metternich
(bw 2484)

Stephan Conermann
Das Mogulreich
(bw 2403)

NEU
Johannes Willms
Napoleon
(bw 2893)

Hubert Houben
Die Normannen
(bw 2755)

Hagen Keller
Die Ottonen
(bw 2146)

Eduard Mühle
Die Piasten
Polen im Mittelalter
(bw 2709)

Volker Reinhardt
Die Renaissance in Italien
(bw 2191)

Dieter Hein
Die Revolution von 1848/49
(bw 2019)

Joachim Ehlers
Die Ritter
(bw 2392)

Joachim Zeune
Ritterburgen
(bw 2831)

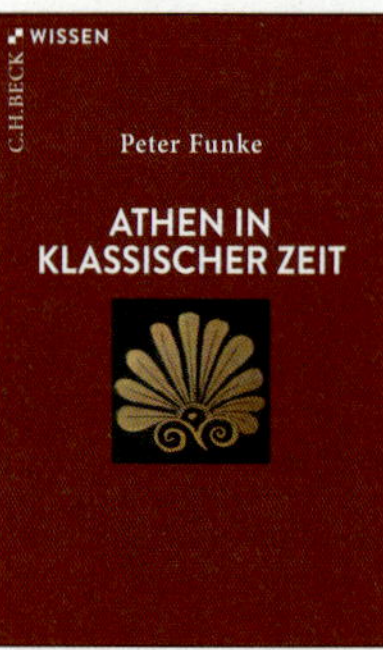

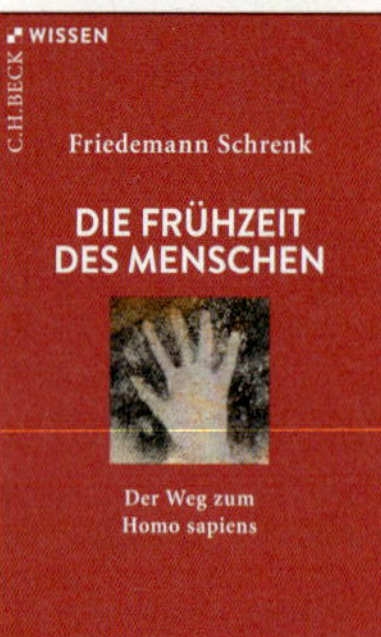

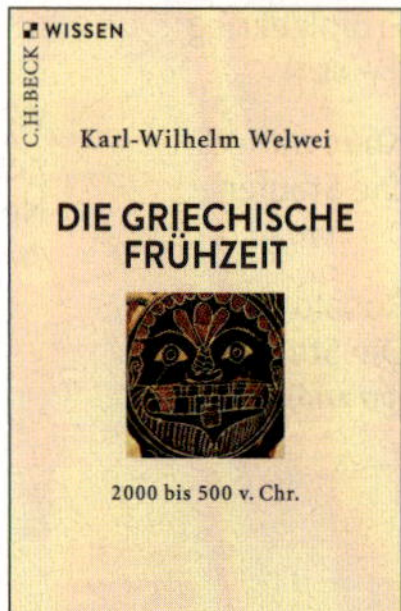

Andrew James Johnston
Robin Hood
(bw 2767)

Hannes Möhring
Saladin
(bw 2386)

Johannes Laudage
Die Salier
(bw 2397)

Georg Bossong
Die Sepharden
(bw 2438)

Marian Füssel
Der Siebenjährige Krieg
(bw 2704)

Michaela und Karl Vocelka
Sisi
(bw 2829)

Matthias Schnettger
Der Spanische Erbfolgekrieg
(bw 2826)

Knut Görich
Die Staufer
(bw 2393)

Ronald G. Asch
Die Stuarts
(bw 2710)

Jürgen Sarnowsky
Die Templer
(bw 2472)

Hans-Ulrich Thamer
Die Völkerschlacht bei Leipzig
(bw 2774)

Marian Füssel
Waterloo 1815
(bw 2838)

Siegrid Westphal
Der Westfälische Frieden
(bw 2851)

Heinz Duchhardt
Der Wiener Kongress
(bw 2778)

Hans-Jörg Gilomen
Wirtschaftsgeschichte des Mittelalters
(bw 2781)

Christian Kleinschmidt
Wirtschaftsgeschichte der Neuzeit
(bw 2869)

Ilko-Sascha Kowalczuk
Der 17. Juni 1953
(bw 2771)

Ingrid Gilcher-Holtey
Die 68er-Bewegung
(bw 2183)

Sybille Steinbacher
Auschwitz
(bw 2333)

Christiane Tietz
Dietrich Bonhoeffer
(bw 2775)

Bernd Faulenbach
Willy Brandt
(bw 2780)

Jürgen Osterhammel
Jan C. Jansen
Dekolonisation
(bw 2785)

Ulrich Herbert
Das Dritte Reich
(bw 2859)

Wolfgang Schieder
Der italienische Faschismus
(bw 2429)

Dietmar Rothermund
Gandhi
(bw 2322)

Florian Coulmas
Hiroshima
(bw 2491)

Wolfgang Benz
Der Holocaust
(bw 2022)

Tilman Seidensticker
Islamismus
(bw 2827)

Annika Mombauer
Die Julikrise
Europas Weg in den Ersten Weltkrieg (bw 2825)

Bernd Stöver
Der Kalte Krieg
(bw 2314)

Christoph Strohm
Die Kirchen im Dritten Reich
(bw 2720)

Bernd Greiner
Die Kuba-Krise
(bw 2486)

Stephan Bierling
Nelson Mandela
(bw 2748)

Sabine Dabringhaus
Mao Zedong
(bw 2439)

Ingeborg Waldschmidt
Maria Montessori
(bw 2174)

Wolfgang Schieder
Benito Mussolini
(bw 2835)

Marianne Sammer
Mutter Teresa
(bw 2405)

Muriel Asseburg
Jan Busse
Der Nahostkonflikt
(bw 2858)

Raphael Gross
November 1938
(bw 2782)

Annette Weinke
Die Nürnberger Prozesse
(bw 2404)

Wolfgang Benz
Die Protokolle der Weisen von Zion
(bw 2413)

Armin Pfahl-Traughber
Rechtsextremismus in der Bundesrepublik
(bw 2112)

Winfried Böhm
Die Reformpädagogik
Montessori, Waldorf und andere Lehren (bw 2743)

Volker Ullrich
Die Revolution von 1918/19
(bw 2454)

Petra Terhoeven
Die Rote Armee Fraktion
(bw 2878)

Bastian Hein
Die SS
(bw 2841)

Wolfgang Reinhard
Geschichte des modernen Staates
(bw 2423)

Bernd Ulrich
Stalingrad
(bw 2368)

Peter Hoffmann
Stauffenberg und der 20. Juli 1944
(bw 2102)

Christian Hartmann
Unternehmen Barbarossa
Der deutsche Krieg im Osten 1941–1945 (bw 2714)

NEU
Eberhard Kolb
Der Frieden von Versailles
(bw 2375)

NEU
Gunther Mai
Die Weimarer Republik
(bw 2477)

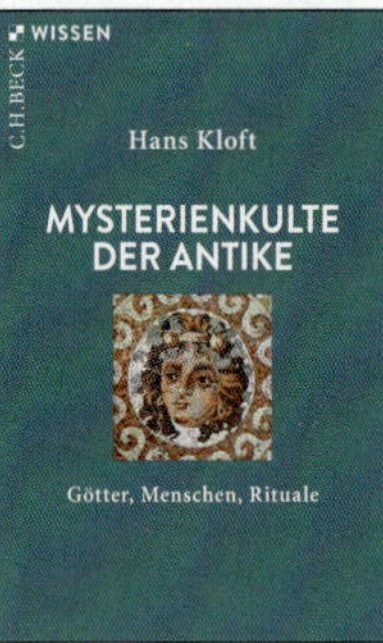

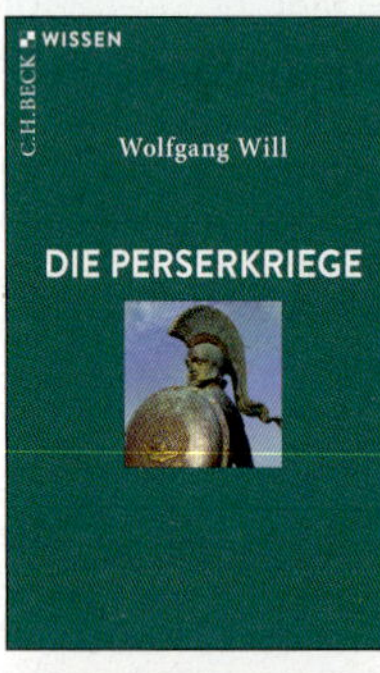

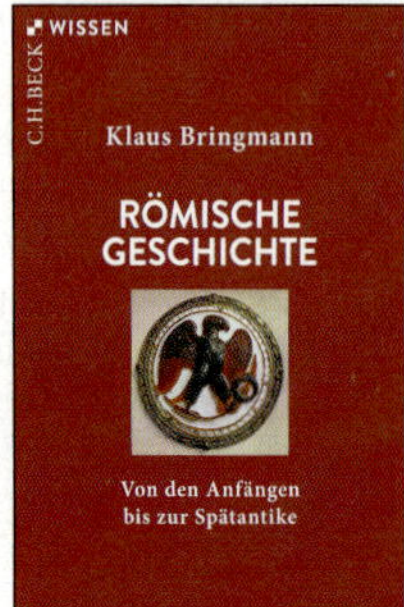

Volker Berghahn
Der Erste Weltkrieg
(bw 2312)

Gerhard Schreiber
Der Zweite Weltkrieg
(bw 2164)

Wolfgang Benz
Der deutsche Widerstand gegen Hitler
(bw 2798)

Andreas Rödder
Geschichte der deutschen Wiedervereinigung
(bw 2736)

Hermann A. Schlögl
Das alte Ägypten
(bw 2305)

Ralph Tuchtenhagen
Geschichte der baltischen Länder
(bw 2355)

Marie-Luise Recker
Geschichte der Bundesrepublik Deutschland
(bw 2115)

Hermann Kamp
Burgund
(bw 2414)

Helwig Schmidt-Glintzer
Das alte China
Von den Anfängen bis zum 19. Jh. (bw 2015)

Helwig Schmidt-Glintzer
Das neue China
Von den Opiumkriegen bis heute (bw 2126)

Daniel Leese
Die chinesische Kulturrevolution
(bw 2854)

Robert Bohn
Dänische Geschichte
(bw 2162)

Frank Rexroth
Deutsche Geschichte im Mittelalter
(bw 2307)

Johannes Burkhardt
Deutsche Geschichte der Frühen Neuzeit
(bw 2462)

Dieter Hein
Deutsche Geschichte im 19. Jahrhundert
(bw 2840)

Andreas Wirsching
Deutsche Geschichte im 20. Jahrhundert
(bw 2165)

Hans-Christoph Schröder
Englische Geschichte
(bw 2016)

Peter C. Hartmann
Geschichte Frankreichs
(bw 2124)

Wolfgang Zwickel
Das Heilige Land
(bw 2459)

Michael Witzel
Das alte Indien
(bw 2304)

Dietmar Rothermund
Geschichte Indiens
(bw 2194)

Monika Gronke
Geschichte Irans
(bw 2321)

Benedikt Stuchtey
Geschichte Irlands
(bw 2765)

Manfred Clauss
Das alte Israel
(bw 2073)

NEU
Bernd U. Schipper
Geschichte Israels in der Antike
(bw 2887)

Volker Reinhardt
Geschichte Italiens
(bw 2118)

Manfred Pohl
Geschichte Japans
(bw 2190)

Angelos Chaniotis
Das antike Kreta
(bw 2350)

Michel Pauly
Geschichte Luxemburgs
(bw 2732)

Michael North
Geschichte der Niederlande
(bw 2078)

Karl Vocelka
Österreichische Geschichte
(bw 2369)

Andreas Kossert
Ostpreußen
(bw 2833)

Josef Wiesehöfer
Das frühe Persien
(bw 2107)

Jürgen Heyde
Geschichte Polens
(bw 2385)

Walther L. Bernecker
Horst Pietschmann
Geschichte Portugals
(bw 2156)

Monika Wienfort
Geschichte Preußens
(bw 2456)

Andreas Kappeler
Russische Geschichte
(bw 2076)

Arno Herzig
Geschichte Schlesiens
(bw 2843)

Bernhard Maier
Geschichte Schottlands
(bw 2844)

Volker Reinhardt
Geschichte der Schweiz
(bw 2401)

Martin Dreher
Das antike Sizilien
(bw 2437)

Thomas Dittelbach
Geschichte Siziliens
(bw 2490)

Harm G. Schröter
Geschichte Skandinaviens
(bw 2422)

Georg Bossong
Das Maurische Spanien
(bw 2395)

C.H.BECK WISSEN
Sebastian Conrad
DEUTSCHE KOLONIAL-GESCHICHTE

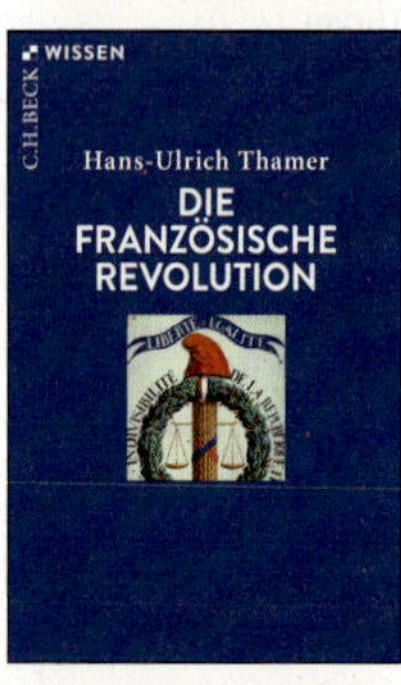

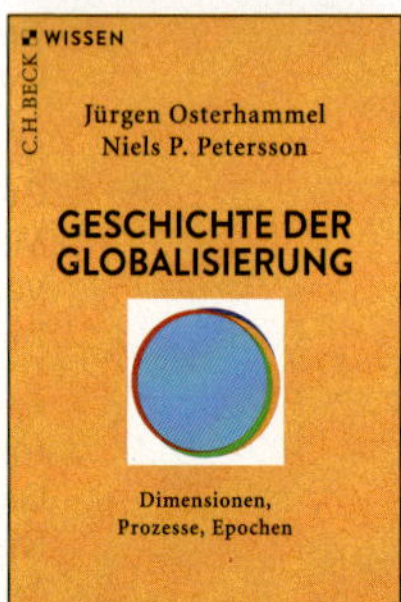

Walther L. Bernecker
Spanische Geschichte
(bw 2111)

Joachim Bahlcke
Geschichte Tschechiens
(bw 2797)

Klaus Kreiser
Geschichte der Türkei
(bw 2758)

Horst Dippel
Geschichte der USA
(bw 2051)

DIE DEUTSCHEN BUNDESLÄNDER

Hans-Georg Wehling
Reinhold Weber
Geschichte Baden-Württembergs
(bw 2601)

Wilhelm Volkert
Geschichte Bayerns
(bw 2602)

Bernd Stöver
Geschichte Berlins
(bw 2603)

Peter-Michael Hahn
Geschichte Brandenburgs
(bw 2604)

Konrad Elmshäuser
Geschichte Bremens
(bw 2605)

Martin Krieger
Geschichte Hamburgs
(bw 2606)

Frank-Lothar Kroll
Geschichte Hessens
(bw 2607)

Michael North
Geschichte Mecklenburg-Vorpommerns
(bw 2608)

Carl-Hans Hauptmeyer
Geschichte Niedersachsens
(bw 2609)

Christoph Nonn
Geschichte Nordrhein-Westfalens
(bw 2610)

Lukas Clemens
Norbert Franz
Geschichte von Rheinland-Pfalz
(bw 2611)

Wolfgang Behringer
Gabriele Clemens
Geschichte des Saarlandes
(bw 2612)

Frank-Lothar Kroll
Geschichte Sachsens
(bw 2613)

Mathias Tullner
Geschichte Sachsen-Anhalts
(bw 2614)

Robert Bohn
Geschichte Schleswig-Holsteins
(bw 2615)

Steffen Raßloff
Geschichte Thüringens
(bw 2616)

POLITIK

Philipp Lepenies
Armut
(bw 2862)

Eckart Conze
Das Auswärtige Amt
(bw 2744)

Jutta Limbach
Das Bundesverfassungsgericht
(bw 2161)

Bernd Stöver
CIA
(bw 2871)

Hans Vorländer
Demokratie
(bw 2311)

Stefan Luft
Die Flüchtlingskrise
(bw 2857)

Christoph Möllers
Das Grundgesetz
(bw 2470)

Ottmar Edenhofer
Michael Jakob
Klimapolitik
(bw 2853)

Britta Bannenberg
Dieter Rössner
Kriminalität in Deutschland
(bw 2384)

Dietrich von der Oelsnitz
Management
(bw 2479)

Thomas Piketty
Ökonomie der Ungleichheit
(bw 2864)

Marcus Llanque
Geschichte der politischen Ideen
(bw 2759)

Manfred G. Schmidt
Das politische System der Bundesrepublik Deutschland
(bw 2371)

Wilfried Röhrich
Die politischen Systeme der Welt
(bw 2128)

Dietmar Willoweit
Reich und Staat
Eine kleine deutsche Verfassungsgeschichte
(bw 2776)

Manfred G. Schmidt
Der deutsche Sozialstaat
(bw 2764)

Bernd Faulenbach
Geschichte der SPD
(bw 2753)

Hanno Beck
Aloys Prinz
Staatsverschuldung
(bw 2742)

Klaus Dieter Wolf
Die UNO
(bw 2378)

Angelika Nußberger
Das Völkerrecht
(bw 2478)

Werner Plumpe
Wirtschaftskrisen
(bw 2701)

Jörg Philipp Terhechte
Die WTO
Erscheint im Herbst 2019

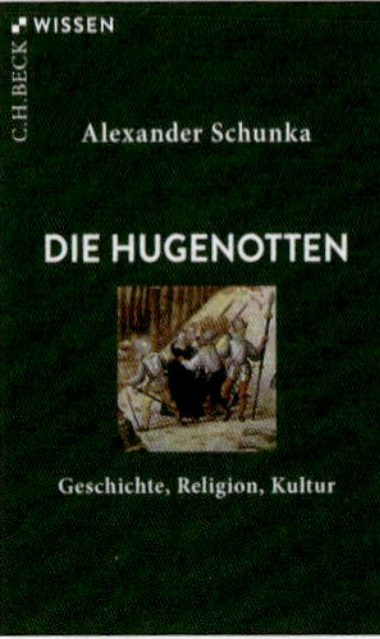

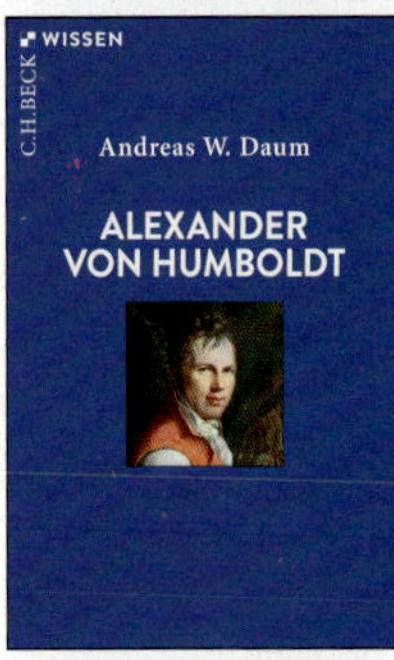

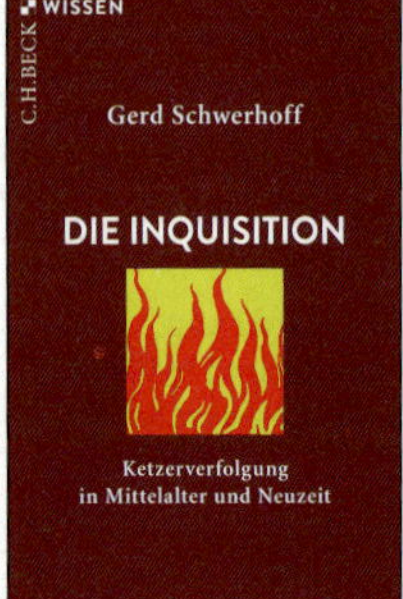

Axel Michaels
Buddha
(bw 2717)

Helwig Schmidt-Glintzer
Der Buddhismus
(bw 2367)

Kurt Nowak
Das Christentum
(bw 2070)

Friedhelm Winkelmann
Geschichte des frühen Christentums
(bw 2041)

Hans van Ess
Der Daoismus
(bw 2721)

Helmut Feld
Franziskus von Assisi
(bw 2170)

Christoph Markschies
Die Gnosis
(bw 2173)

Peter Gemeinhardt
Die Heiligen
(bw 2498)

Bernhard Lang
Himmel und Hölle
Jenseitsglaube von der Antike bis heute (bw 2303)

Heinrich von Stietencron
Der Hinduismus
(bw 2158)

Heinz Halm
Der Islam
(bw 2145)

Jürgen Roloff
Jesus
(bw 2142)

Stefan Samerski
Johannes Paul II.
(bw 2435)

Günter Stemberger
Jüdische Religion
(bw 2003)

Christoph Auffarth
Die Ketzer
Katharer, Waldenser und andere religiöse Bewegungen (bw 2383)

Volker Leppin
Geschichte der christlichen Kirchen
(bw 2499)

Hartmut Leppin
Die Kirchenväter und ihre Zeit
(bw 2141)

Hans van Ess
Der Konfuzianismus
(bw 2306)

Hartmut Bobzin
Der Koran
(bw 2109)

Thomas Kaufmann
Martin Luther
(bw 2388)

Hartmut Bobzin
Mohammed
(bw 2144)

Lorenz Korn
Die Moschee
(bw 2573)

Eckart Otto
Mose
(bw 2400)

Volker Leppin
Die christliche Mystik
(bw 2415)

Georg Schwaiger
Manfred Heim
Orden und Klöster
(bw 2196)

Martin Tamcke
Das orthodoxe Christentum
(bw 2339)

Georg Denzler
Das Papsttum
(bw 2065)

Alexander Demandt
Pontius Pilatus
(bw 2747)

Friedrich Wilhelm Graf
Der Protestantismus
(bw 2108)

Luise Schorn-Schütte
Die Reformation
(bw 2054)

Klaus Kienzler
Der religiöse Fundamentalismus
Christentum, Judentum, Islam (bw 2031)

Klaus E. Müller
Schamanismus
(bw 2072)

Heinz Halm
Die Schiiten
(bw 2358)

Annemarie Schimmel
Sufismus
(bw 2129)

Christoph Levin
Das Alte Testament
(bw 2160)

Gerd Theißen
Das Neue Testament
(bw 2192)

Manfred Hutter
Die Weltreligionen
(bw 2365)

PHILOSOPHIE

Michael Stausberg
Zarathustra und seine Religion
(bw 2370)

Matthias Köckert
Die Zehn Gebote
(bw 2430)

Oliver Primavesi
Christof Rapp
Aristoteles
(bw 2865)

Werner Schneiders
Das Zeitalter der Aufklärung
(bw 2058)

Otfried Höffe
Ethik
(bw 2800)

Otfried Höffe
Gerechtigkeit
(bw 2168)

NEU
Annemarie Pieper
Gut und Böse
(bw 2077)

Dietmar von der Pfordten
Menschenwürde
(bw 2856)

Christof Rapp
Metaphysik
(bw 2809)

Heinz D. Kurz
Geschichte des Ökonomischen Denkens
(bw 2784)

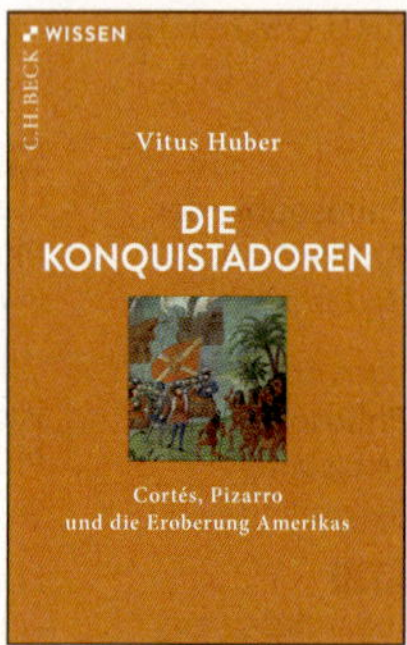

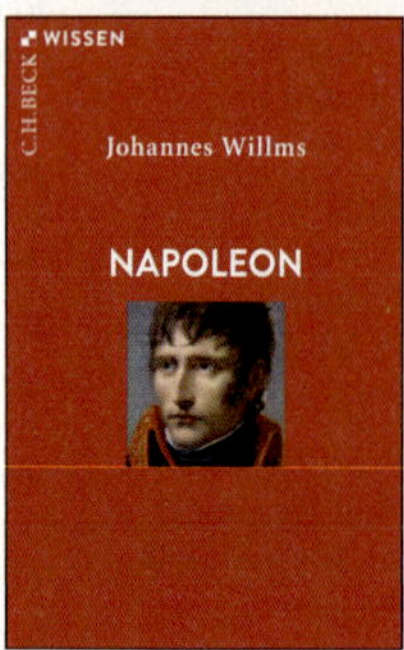

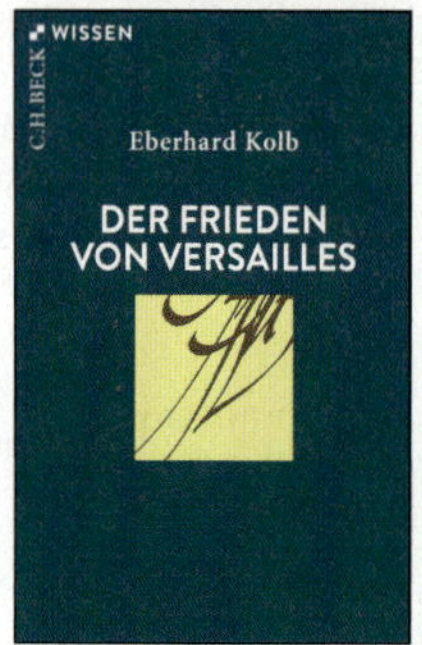

PHILOSOPHIE

Christoph Horn
Philosophie der Antike
(bw 2820)

Loris Sturlese
Philosophie im Mittelalter
(bw 2821)

NEU
Johannes Haag
Markus Wild
Philosophie der Neuzeit
(bw 2822)

NEU
Günter Zöller
Philosophie des 19. Jahrhunderts
(bw 2823)

Thomas Rentsch
Philosophie des 20. Jahrhunderts
(bw 2824)

Albert Newen
Philosophie des Geistes
(bw 2806)

Norman Sieroka
Philosophie der Physik
(bw 2803)

Klaus Kornwachs
Philosophie der Technik
(bw 2805)

NEU
Norman Sieroka
Philosophie der Zeit
(bw 2886)

Ulrich Rudolph
Islamische Philosophie
(bw 2352)

Dietmar von der Pfordten
Rechtsphilosophie
(bw 2801)

Michel Soëtard
Jean-Jacques Rousseau
(bw 2734)

Pirmin Stekeler-Weithofer
Sprachphilosophie
(bw 2802)

Dirk Kaesler
Max Weber
(bw 2726)

Nils Ole Oermann
Wirtschaftsethik
(bw 2845)

Holm Tetens
Wissenschafts-theorie
(bw 2808)

Michael von Brück
Zen
(bw 2344)

LITERATUR | SPRACHE

Anna Kathrin Bleuler
Der Codex Manesse
(bw 2882)

Franziska Meier
Dantes Göttliche Komödie
(bw 2880)

Therese Fuhrer
Martin Hose
Das antike Drama
(bw 2729)

Rudolf Simek
Die Edda
(bw 2419)

Walther Sallaberger
Das Gilgamesch-Epos
(bw 2443)

Dorothea Hölscher-Lohmeyer
Johann Wolfgang Goethe
(bw 2127)

Dieter Burdorf
Friedrich Hölderlin
(bw 2712)

Thomas Anz
Franz Kafka
(bw 2473)

Gerhard Schulz
Sabine Doering
Klassik
(bw 2329)

Hans Joachim Kreutzer
Heinrich von Kleist
(bw 2716)

Friedrich Vollhardt
Gotthold Ephraim Lessing
(bw 2789)

Dirk von Petersdorff
Literaturgeschichte der Bundesrepublik Deutschland
(bw 2733)

Mario Klarer
Literaturgeschichte der USA
(bw 2769)

Dirk von Petersdorff
Geschichte der deutschen Lyrik
(bw 2434)

Niklas Holzberg
Ovids Metamorphosen
(bw 2421)

Gert Ueding
Klassische Rhetorik
(bw 2000)

Gert Ueding
Moderne Rhetorik
(bw 2134)

Thomas Baier
Geschichte der Römischen Literatur
(bw 2446)

Gerhard Schulz
Romantik
(bw 2053)

Peter-André Alt
Friedrich Schiller
(bw 2357)

Thomas O. Höllmann
Die chinesische Schrift
(bw 2849)

Harald Haarmann
Geschichte der Schrift
(bw 2198)

Hans-Dieter Gelfert
Shakespeare
(bw 2055)

Jürgen Trabant
Die Sprache
(bw 2464)

Thorsten Roelcke
Geschichte der deutschen Sprache
(bw 2480)

Bernd Seidensticker
Das antike Theater
(bw 2496)

Andreas Englhart
Das Theater der Gegenwart
(bw 2779)

Ulrich Schmid
Lew Tolstoi
(bw 2493)

NEU
Markus Janka
Vergils Aeneis
(bw 2884)

Jürgen von Stackelberg
Voltaire
(bw 2402)

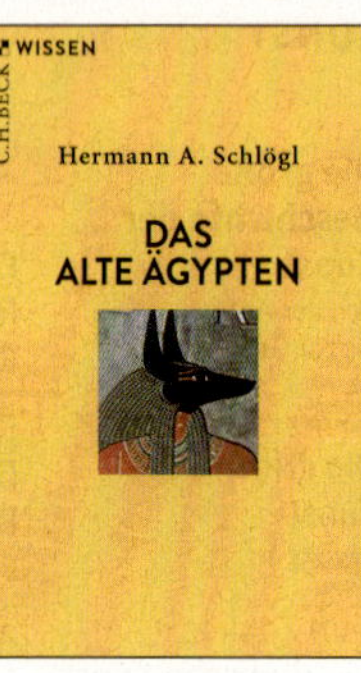

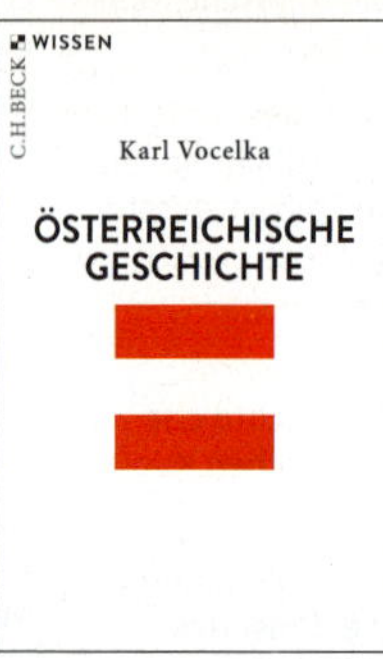

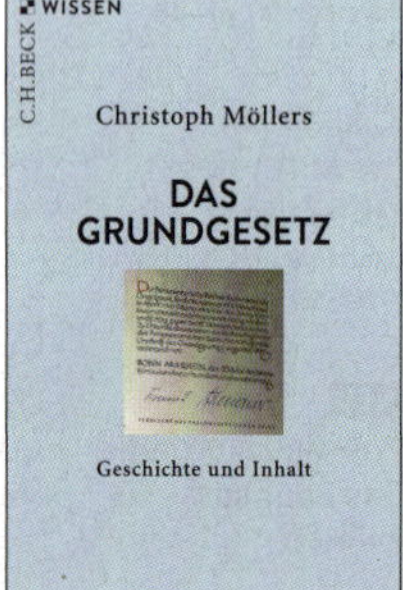

Die große Geschichte der Kunst
Von der Antike bis zur Gegenwart

Tonio Hölscher
Die griechische Kunst
(bw 2551)

Paul Zanker
Die römische Kunst
(bw 2552)

Johannes G. Deckers
Die frühchristliche und byzantinische Kunst
(bw 2553)

Lorenz Korn
Geschichte der islamischen Kunst
(bw 2570)

Bruno Reudenbach
Die Kunst des Mittelalters
Band I: 800 bis 1200
(bw 2554)

Klaus Niehr
Die Kunst des Mittelalters
Band II: 1200 bis 1500
(bw 2555)

Andreas Tönnesmann
Die Kunst der Renaissance
(bw 2556)

Dietrich Erben
Die Kunst des Barock
(bw 2557)

Andreas Beyer
Die Kunst des Klassizismus und der Romantik
(bw 2558)

Michael F. Zimmermann
Die Kunst des 19. Jahrhunderts
(bw 2559)

Uwe M. Schneede
Die Kunst der Klassischen Moderne
(bw 2560)

Philip Ursprung
Die Kunst der Gegenwart
(bw 2561)

NEU
Winfried Nerdinger
Das Bauhaus
(bw 2883)

Uwe M. Schneede
Max Beckmann
(bw 2515)

Nils Büttner
Hieronymus Bosch
(bw 2516)

Frank Zöllner
Botticelli
(bw 2505)

NEU
Nils Büttner
Pieter Bruegel d. Ä.
(bw 2521)

Alexander Markschies
Brunelleschi
(bw 2540)

Götz Adriani
Paul Cézanne
(bw 2506)

Michael F. Zimmermann
Lovis Corinth
(bw 2509)

NEU
Uwe M. Schneede
Otto Dix
(bw 2522)

Michael Viktor Schwarz
Giotto
(bw 2503)

Uwe M. Schneede
Vincent van Gogh
(bw 2310)

NEU
Werner Busch
Goya
(bw 2520)

Oskar Bätschmann
Hans Holbein d. J.
(bw 2513)

Matthias Haldemann
Kandinsky
(bw 2519)

Christian Rümelin
Paul Klee
(bw 2500)

Oskar Bätschmann
Edouard Manet
(bw 2518)

Werner Busch
Adolph Menzel
(bw 2501)

Felix Krämer
Claude Monet
(bw 2517)

Jürg Meyer zur Capellen
Raffael
(bw 2510)

Nils Büttner
Peter Paul Rubens
(bw 2504)

Frank Büttner
Philipp Otto Runge
(bw 2507)

Wilhelm Schlink
Tizian
(bw 2508)

Monika Wagner
William Turner
(bw 2514)

Nils Büttner
Vermeer
(bw 2511)

Felix Thürlemann
Rogier van der Weyden
(bw 2502)

Dorothea Arnold
Die ägyptische Kunst
(bw 2550)

Norbert Huse
Geschichte der Architektur im 20. Jahrhundert
(bw 2455)

Dietrich Erben
Architekturtheorie
(bw 2874)

Helmut Brinker
Die chinesische Kunst
(bw 2571)

Wolfgang Kemp
Geschichte der Fotografie
(bw 2727)

Felix Müller
Die Kunst der Kelten
(bw 2574)

Ulrich Pfisterer
Die Sixtinische Kapelle
(bw 2562)

MUSIK

Dorothea Schröder
Johann Sebastian Bach
(bw 2738)

Egon Voss
Bachs Konzerte
(bw 2212)

Siegfried Mauser
Beethovens Klaviersonaten
(bw 2200)

Dieter Rexroth
Beethovens Symphonien
(bw 2209)

Matthias Schmidt
Johannes Brahms. Die Lieder
(bw 2224)

Hans-Joachim Hinrichsen
Bruckners Sinfonien
(bw 2225)

Hanspeter Krellmann
Griegs lyrische Klavierstücke
(bw 2216)

Dorothea Schröder
Georg Friedrich Händel
(bw 2453)

Claus Bockmaier
Händels Oratorien
(bw 2215)

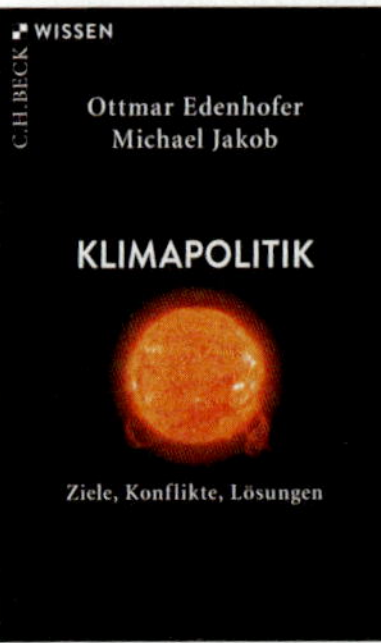

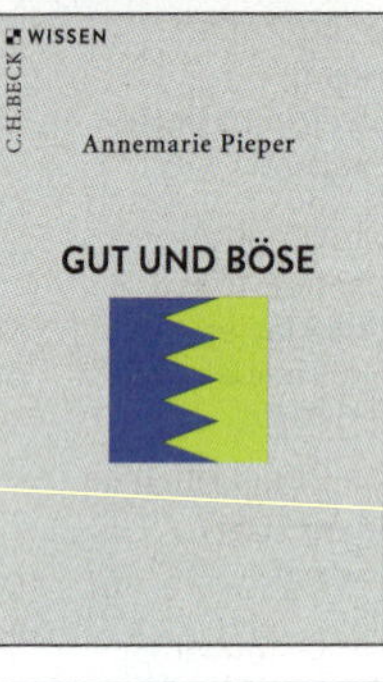

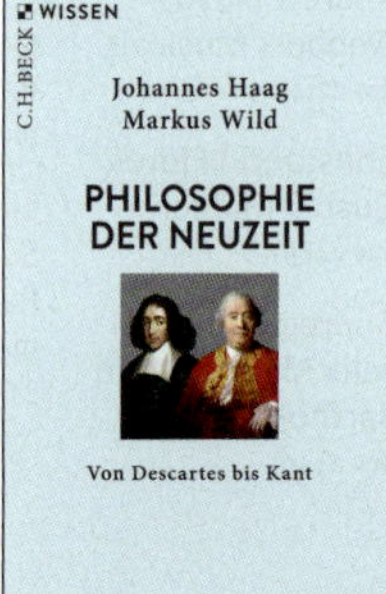

Arnold Werner-Jensen
Joseph Haydn
(bw 2468)

Gottfried Scholz
Haydns Oratorien
(bw 2217)

Michael Walter
Haydns Sinfonien
(bw 2213)

Georg Feder
Haydns Streichquartette
(bw 2203)

Christoph Kammertöns
Das Klavier
Instrument und Musik
(bw 2752)

Wolfgang Dömling
Franz Liszt
(bw 2711)

Ulrich Müller
Andrew Lloyd Webbers Musicals
(bw 2214)

Constantin Floros
Gustav Mahler
(bw 2489)

Andreas Eichhorn
Felix Mendelssohn Bartholdy
(bw 2449)

Gernot Gruber
Wolfgang Amadeus Mozart
(bw 2376)

Marius Flothuis
Mozarts Klavierkonzerte
(bw 2201)

Siegfried Mauser
Mozarts Klaviersonaten
(bw 2223)

Manfred Hermann Schmid
Mozarts Opern
(bw 2218)

Marius Flothuis
Mozarts Streichquartette
(bw 2204)

Hans Maier
Die Orgel
Instrument und Musik
(bw 2794)

Gerd Uecker
Puccinis Opern
(bw 2226)

Siegfried Schmalzriedt
Ravels Klaviermusik
(bw 2210)

Peter Wicke
Rock und Pop
(bw 2739)

Hans-Joachim Hinrichsen
Franz Schubert
(bw 2725)

Elmar Budde
Schuberts Liederzyklen
(bw 2207)

Arnfried Edler
Robert Schumann
(bw 2474)

Martin Demmler
Schumanns Sinfonien
(bw 2211)

Joachim Brügge
Jean Sibelius
(bw 2219)

Laurenz Lütteken
Richard Strauss. Die Opern
(bw 2222)

Dorothea Redepenning
Peter Tschaikowsky
(bw 2855)

Anselm Gerhard
Giuseppe Verdi
(bw 2754)

Sabine Henze-Döhring
Verdis Opern
(bw 2221)

Egon Voss
Richard Wagner
(bw 2766)

Sven Friedrich
Richard Wagners Opern
(bw 2220)

PSYCHOLOGIE | MEDIZIN

Wilhelm Feuerlein
Alkoholismus
(bw 2033)

Lothar Jäger
Allergien
(bw 2140)

Hans-Uwe Simon
Asthma
(bw 2095)

Helmut Remschmidt
Autismus
(bw 2147)

Ingeborg Hedderich
Burnout
(bw 2465)

Ursel Wahrburg
Gerd Assmann
Cholesterin
(bw 2114)

Rudhard Klaus Müller
Doping
(bw 2345)

Hansjörg Schneble
Epilepsie
(bw 2047)

Ulrich Cuntz
Andreas Hillert
Eßstörungen
(bw 2087)

Hans Markowitsch
Das Gedächtnis
(bw 2460)

Friedrich Strian
Das Herz
(bw 2098)

Franzis Preckel
Tanja Gabriele Baudson
Hochbegabung
(bw 2786)

Joachim Funke
Bianca Vaterrodt
Was ist Intelligenz?
(bw 2088)

Harald Theml
Krebs und Krebsvermeidung
(bw 2380)

Karl-Heinz Leven
Geschichte der Medizin
(bw 2452)

Jörg Hacker
Menschen, Seuchen und Mikroben
Infektionen und Erreger
(bw 2317)

Matthias Keidel
Migräne
(bw 2408)

Michael Wirsching
Paar- und Familientherapie
(bw 2361)

Gerd A. Fuchs
Die Parkinsonsche Krankheit
(bw 2301)

WISSEN
C.H.BECK
Uwe M. Schneede
OTTO DIX

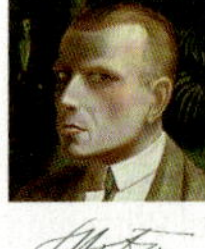

WISSEN
C.H.BECK
Uwe M. Schneede
VINCENT VAN GOGH

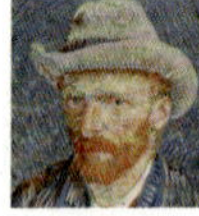

Vincent

WISSEN
C.H.BECK
Wolfgang Kemp
GESCHICHTE DER FOTOGRAFIE

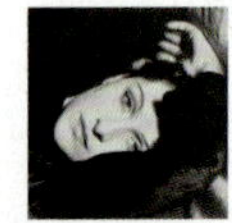

Von Daguerre bis Gursky

PSYCHOLOGIE | MEDIZIN

Wolfgang Mertens
Psychoanalyse
(bw 2061)

Otto Benkert
Psychopharmaka
(bw 2013)

Michael Wirsching
Psychosomatische Medizin
(bw 2027)

Michael Wirsching
Psychotherapie
(bw 2119)

Thomas Köhler
Rauschdrogen
(bw 2445)

Heinz Häfner
Schizophrenie
(bw 2497)

Joachim Röschke
Klaus Mann
Schlaf und Schlafstörungen
(bw 2089)

Jürgen Dittmann
Der Spracherwerb des Kindes
(bw 2300)

Thomas Bronisch
Der Suizid
(bw 2006)

NEU
Nando Belardi
Supervision und Coaching
(bw 2157)

Paul U. Unschuld
Traditionelle Chinesische Medizin
(bw 2796)

Wolfgang Mertens
Traum und Traumdeutung
(bw 2117)

Andreas Maercker
Trauma und Traumafolgestörungen
(bw 2863)

NEU
Claus Leitzmann
Veganismus
(bw 2885)

Claus Leitzmann
Vegetarismus
(bw 2176)

Susanne Modrow
Viren
(bw 2177)

Hans Konrad Biesalski
Vitamine
(bw 2060)

Otto Benkert
Martina Lenzen-Schulte
Zwangskrankheiten
(bw 2066)

NATURWISSENSCHAFTEN | TECHNIK

Walter Kirchner
Die Ameisen
(bw 2152)

Dieter B. Herrmann
Antimaterie
(bw 2104)

Karl Weiß
Bienen und Bienenvölker
(bw 2067)

Bruno Streit
Was ist Biodiversität?
(bw 2417)

Thomas Junker
Geschichte der Biologie
(bw 2334)

Werner Nachtigall
Bionik
Lernen von der Natur
(bw 2436)

Angela Schuh
Biowetter
Wie das Wetter unsere Gesundheit beeinflusst
(bw 2416)

Hubert Goenner
Albert Einstein
(bw 2839)

Hubert Goenner
Einsteins Relativitätstheorien
(bw 2069)

Peter Hennicke
Manfred Fischedick
Erneuerbare Energien
(bw 2412)

Franz M. Wuketits
Evolution
(bw 2138)

NEU
Thomas Junker
Die Evolution des Menschen
(bw 2409)

Albrecht Beutelspacher
Geheimsprachen
(bw 2071)

Hartmut Grote
Gravitationswellen
(bw 2879)

Klaus Honomichl
Insekten
(bw 2048)

Heinrich Zankl
Von der Keimzelle zum Individuum
Biologie der Schwangerschaft (bw 2149)

NEU
Stefan Rahmstorf
Hans-Joachim Schellnhuber
Der Klimawandel
(bw 2366)

Thomas Walther
Herbert Walther
Was ist Licht?
(bw 2122)

Siegmund Brandt
Geschichte der modernen Physik
(bw 2723)

Georg Schön
Pilze
(bw 2360)

Dieter Hoffmann
Max Planck
Die Entstehung der modernen Physik
(bw 2442)

Gert-Ludwig Ingold
Quantentheorie
(bw 2186)

Günter Siefarth
Geschichte der Raumfahrt
(bw 2153)

Franz M. Wuketits
Was ist Soziobiologie?
(bw 2199)

Helmuth Schneider
Geschichte der antiken Technik
(bw 2432)

Marcus Popplow
Technik im Mittelalter
(bw 2482)

Linda Maria Koldau
Tsunamis
(bw 2770)

Hans-Joachim Blome
Harald Zaun
Der Urknall
(bw 2337)

Dieter B. Herrmann
Das Weltall
(bw 2410)

Albrecht Beutelspacher
Zahlen
(bw 2751)

C.H.BECK WISSEN
Karl-Heinz Leven
GESCHICHTE DER MEDIZIN
Von der Antike bis zur Gegenwart

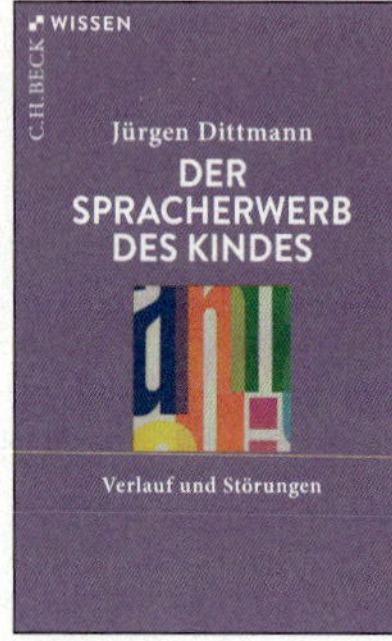

«Ungeheuer, was alles auf 130 Seiten erklärt werden kann.»

FRANKFURTER ALLGEMEINE ZEITUNG

«Eine Reihe von Vergnügungen.»

DER SPIEGEL

«Die wunderbar handliche Reihe
C.H.BECK **WISSEN**
macht allein schon durch die Buntheit ihrer Titel Lust, sich dem Abenteuer einer wahllosen Weiterbildung zu überlassen.»

SÜDDEUTSCHE ZEITUNG

«Große Stoffgebiete, knapp gefasst.»

NEUE ZÜRCHER ZEITUNG

«Kein Kompromiss, sondern hervorragende Einführungen.»

WELT DER LITERATUR